高等院校学前教育专业教材

幼儿园玩教具制作

You'eryuan Wanjiaoju Zhizuo

主　编　吕袁媛　马晟瑶
编写者　吕袁媛　华　丽　马晟瑶　崔　贺　王　静

中国教育出版传媒集团
高等教育出版社·北京

内容提要

　　本书包括六章内容：幼儿园玩教具概述、语言领域玩教具制作、科学领域玩教具制作、艺术领域玩教具制作、社会领域玩教具制作、健康领域玩教具制作。本书深入浅出地介绍了幼儿园自制玩教具的相关理论、原则、要求；紧密结合幼儿园的教育教学实际，介绍了五大领域玩教具的种类、制作方法、应用等，提供了丰富的案例，直观形象，具有很强的实用性和实践性，便于学习者进行实践训练。本书配有丰富的二维码资源，可以进一步拓展学习者的视野。

　　本书可作为高等院校学前教育专业本、专科学生教材，也可作为幼儿园教师培训教材。

图书在版编目（CIP）数据

　　幼儿园玩教具制作 / 吕袁媛，马晟瑶主编 . --北京：高等教育出版社，2023.10

　　ISBN 978-7-04-059613-7

　　Ⅰ. ①幼… Ⅱ. ①吕… ②马… Ⅲ. ①幼儿园-自制玩具 ②幼儿园-自制教具 Ⅳ. ①G614

　　中国国家版本馆CIP数据核字（2023）第007335号

| 策划编辑 | 刘晓静 | 责任编辑 | 刘晓静 | 封面设计 | 裴一丹 | 版式设计 | 杜微言 |
| 责任绘图 | 于　博 | 责任校对 | 高　歌 | 责任印制 | 高　峰 | | |

出版发行	高等教育出版社		网　　址	http://www.hep.edu.cn
社　　址	北京市西城区德外大街4号			http://www.hep.com.cn
邮政编码	100120		网上订购	http://www.hepmall.com.cn
印　　刷	天津市银博印刷集团有限公司			http://www.hepmall.com
开　　本	787mm×1092mm　1/16			http://www.hepmall.cn
印　　张	13.75			
字　　数	280 千字		版　　次	2023年10月第1版
购书热线	010-58581118		印　　次	2023年10月第1次印刷
咨询电话	400-810-0598		定　　价	46.00元

本书如有缺页、倒页、脱页等质量问题，请到所购图书销售部门联系调换
版权所有　侵权必究
物 料 号　59613-00

前　言

党的二十大报告凸显了教育的基础性、先导性、全局性地位，彰显了以人民为中心发展教育的价值追求。本教材以党的二十大精神为引领，明确国家关于学前教育改革、发展以及幼儿园教师队伍建设的目标和要求，深化素质教育的内涵，能够满足学前教育专业学生及幼儿园教师学习、掌握玩教具制作相关技能的需要。

本教材以《幼儿园教育指导纲要（试行）》《3—6岁儿童学习与发展指南》为依据，归纳了幼儿园玩教具制作的相关理论知识；以幼儿园五大领域为视角，阐述了语言领域玩教具制作、科学领域玩教具制作、艺术领域玩教具制作、社会领域玩教具制作、健康领域玩教具制作的相关知识、制作方法和应用，以加强学习者的动手实践能力和创新思维能力。全书共包括六章内容：第一章属于理论教学单元，由玩具的发展，自制玩教具的指导思想、基本原则和具体要求等内容构成；第二章至第六章属于实践教学单元，由语言、科学、艺术、社会、健康五大领域玩教具制作构成。本教材与幼儿园的教育教学紧密联系，既包括玩教具制作的理论知识和技能训练，又设计了与玩教具相匹配的游戏活动；既注重玩教具制作教学的系统性，又关注学生创新能力的养成和职前、职后专业能力的融合。本教材在每一章节前设有"学习目标"，节后设有"实训任务"，采用二维码的形式呈现大量实践练习案例及拓展学习资料，确保学生学懂、练会。

本教材编写分工为：第一章由吕袁媛撰写，第二章由华丽撰写，第三章由马晟瑶撰写，第四章由吕袁媛、马晟瑶共同撰写，第五章由崔贺撰写，第六章由王静撰写。全书栏目设计、统稿等工作由吕袁媛完成。书中图片收集与整理、视频制作由王静、华丽、马晟瑶、崔贺、郎嘉欣、温雅婷、惠天华、刘嘉音、李佳完成，本书中的大部分案例由沈阳师范大学师生共同制作完成，在此对作品作者表示衷心的感谢。同时感谢高等教育出版社为本书的出版做了大量细致的工作，特别是责任编辑刘晓静倾心尽力，在此表示深切的感谢！

编者在编写过程中虽做了大量工作，但难免有疏漏，敬请教材使用者多提宝贵意见，以便日后再修订。

吕袁媛

2023年3月于沈阳

目　录

第一章　幼儿园玩教具概述

学习指导

通过学习本章内容，你可以了解幼儿园玩教具的相关概念，理解我国传统玩具的发展、分类和价值，明晰自制玩教具和传统玩具的关系；总结自制玩教具对幼儿发展的重要意义，了解自制玩教具的指导思想，遵循幼儿园玩教具设计与制作的具体要求，掌握幼儿园玩教具制作的环节。

游戏是幼儿认识世界的主要途径，玩具作为幼儿游戏的物质基础，是幼儿必不可少的成长伙伴。同时，玩具也是教师常用的一种辅助教学工具，玩具的设计、制作与应用直接影响教学活动的质量。《幼儿园工作规程》提出"幼儿园应当因地制宜创设游戏条件"，教师应充分尊重幼儿选择游戏的意愿，鼓励幼儿制作玩具。《3—6岁儿童学习与发展指南》提出指导幼儿利用身边的物品或废旧材料制作玩具、手工艺品等来美化自己的生活或开展其他活动的相关要求，明确了幼儿园教师必须具备自制玩教具的能力，能够科学地指导幼儿利用身边的物质资源进行玩教具制作，促进幼儿的全面发展。

第一节　玩具与自制玩教具

▶ 学习目标

1. 了解玩具、自制玩教具的概念。
2. 理解玩具的发展，重点掌握中国传统玩具的发展、分类和价值。
3. 熟悉幼儿园自制玩教具的特点和分类，了解自制玩教具的重要意义。
4. 赏析优秀的幼儿园玩教具作品，归纳选用材料的种类及外观造型的特点。

玩具泛指可用于"玩"的东西，即可供人们尤其是儿童玩耍、游戏的物品。玩具不仅包括工业生产的成品玩具，也包括手工自制的玩具；另外，一些自然材料虽未经加工但同样可供儿童玩耍，也可称为玩具。玩教具是玩具和教具的合称，它是借助一定的物质材料，如布、塑料、木材、金属、纸张等，依据一定的设计要求，通过工业化生产或手工制作完成的，集游戏、娱乐、教育功能于一身的，适合不同年龄幼儿开发智力、锻炼体魄、促进身心健康发展的学习、娱乐工具。幼儿园自制玩教具既可以是教师根据游戏和教学需要制作的玩教具，也可以是幼儿在教师或家长的辅导下为游戏活动自制的玩教具。本书所涉及的自制玩教具主要是教师自制玩教具这一体系内容（图1-1至图1-3）。

图1-1　多功能时钟

图1-2　小鱼吐泡泡

图1-3　智慧机器人

一、玩具的发展

玩具的历史与人类的历史一样久远，最初的玩具大部分为自然物，之后出现了家庭自制玩具和手工作坊生产的玩具。进入19世纪，玩具在教育中的价值进一步受到重视，并出现专门对儿童进行教育的玩具，其中最著名的就是福禄培尔的"恩物"和蒙台梭利在"儿童之家"中设计的"教具"。"恩物"和"教具"都是自制玩教具，它们的成功研发受到全世界的广泛关注。我国的传统玩具是最宝贵的文化遗产之一，它强调手工制作，凝结着丰富的智慧和知识，在幼儿园中具有重要的教育价值。

（一）我国传统玩具

传统玩具可谓是我国社会变迁的缩影，它受地域文化的影响，多为民间玩具。民间玩具俗称"耍杂""耍货"，是以娱乐的方式向社会渗透和传播民俗文化的精神活动用具。民间玩具的设计题材大都具有吉祥的寓意，在玩具中蕴含了深厚的中华文化。

1. 传统玩具的发展

我国的玩具可以追溯到原始社会，考古发现，新石器时代就已经出现表面有孔洞的陶球玩具（图1-4）。到了夏商周三代，除陶塑玩具之外，还出现了泥偶、木偶和青铜玩具（图1-5）。春秋战国时期，商业繁荣促进了人们在精神娱乐方面的追求，六博、蹴鞠相当盛行，围棋、投壶在战国时期基本形成，"巧环""拨浪鼓"也都出现在战国时期。秦汉魏晋时期玩具制作的材料较为多样化，有青铜、陶泥、木头等。隋唐时期开始大量使用三彩和白釉瓷，玩具题材除了动物，还有人物、器物、场景等；棋类玩具和节令玩具也得到完善和发展，如花灯（图1-6）、风筝、秋千就是当时盛行的节令玩具。宋辽金元时期的玩具行业十分发达，官方设有"少府监"，招揽在百工技艺方面有才能的匠人，制作游戏玩具供给达官贵人；民间玩具也逐渐产业化，出现了专门兜售玩具的"耍货铺"和专门制作玩具的作坊，宋代玩具的典型代表有泥塑娃娃、悬丝傀儡（图1-7）、河灯等（图1-8）。明清至近代时期，随着工艺水平的提高和新材料的出现，玩具的种类更加繁多，有些玩具还引入了科学原理，出现了基于机械结构的传统玩具（图1-9）。

图1-4　陶球　　　　　　　图1-5　铜鹿　　　　　　　图1-6　现代的花灯

图1-7　悬丝傀儡　　　　　图1-8　河灯　　　　　　　图1-9　"小鸡啄米"玩具

2. 传统玩具的分类

传统玩具诞生于民俗之中，与民间习俗、日常生活分不开，它充分显示了我国劳动人民富有创造性和因地制宜、就地取材的智慧才能。传统玩具主要包括观赏玩具、节令玩具、益智玩具、竞技玩具、音响玩具、生活玩具六类。

观赏玩具是指以欣赏和陈设为主要功能的玩具，通常给人带来很强的视觉感受和审美愉悦，具有一定的认知和教育作用。如面塑（图1-10）、泥塑（图1-11）、木雕、布偶（图1-12）等。

图1-10 面塑   图1-11 泥塑   图1-12 布偶

节令玩具是指以满足特定的岁时节令需要而设计、制作的玩具，具有较强的时令性，与民俗活动密切相关，是民俗活动的重要组成部分。如风筝（图1-13）、花灯、走马灯（图1-14）、五彩粽子（图1-15）等。

图1-13 风筝   图1-14 走马灯   图1-15 五彩粽子

图片资源：
中国传统玩具

益智玩具是指以启发智力、开发思维为主要功能的玩具。如七巧板、华容道、孔明锁、九连环、纸牌、六博（图1-16）、双陆棋（图1-17）、象棋等。

图1-16 六博   图1-17 双陆棋

  竞技玩具是指以竞技比赛为主要功能的玩具。这类玩具有较强的逻辑性、技巧性、运动性、娱乐性，对人的智力开发或身体协调能力的培养有重要的作用。如蹴鞠（图1-18）、跳百索、投壶（图1-19）、铁环（图1-20）、毽子等。

图1-18 蹴鞠

图1-19 投壶

图1-20 铁环

  音响玩具是指以发出声音吸引人的注意力为主要功能的玩具，具有较强的互动性。如哨子（图1-21）、空竹（图1-22）、拨浪鼓（图1-23）、小乐器等。

图1-21 哨子

图1-22 空竹

图1-23 拨浪鼓

  生活玩具是指具有生活实用功能的玩具，这类玩具除用来娱乐嬉戏外，还可以作为服饰、卧具等使用或作为食品食用，如糖人（图1-24）、布虎枕（图1-25）、虎头鞋（图1-26）、面花等。

图1-24 糖人

图1-25 布虎枕

图1-26 虎头鞋

3. 传统玩具的价值

传统玩具扎根于我国的历史、民俗、文化中，其造型、色彩、图案、线条等艺术语言都体现着我国传统的审美取向，具有较高的艺术价值。例如，"五毒蛙"（图1-27）的图案造型简洁粗犷、寓意深厚，凝聚着当时独特的艺术审美观。传统玩具通常与民间神话故事、典故有关。如"兔儿爷"（图1-28），人们在欣赏"兔儿爷"的过程中，会将传统的神话故事传承下去。传统玩具的题材大多具有吉祥的寓意，反映了中华民族渴望幸福祥和的文化心理。例如，四喜娃娃（图1-29）的"四喜"是指古人概括的人生四大喜事，即"久旱逢甘露，他乡遇故知，洞房花烛夜，金榜题名时"。传统玩具中的多数玩具强调在游戏和制作过程中对科学原理的亲身体验，如"鲁班锁"（图1-30）源于中国古代建筑中的榫卯结构，以启发智力、开发思维为主要功能，能调动儿童探索科学的兴趣，激发他们的创造力，培养勤劳、智慧、勇敢、坚定的精神气质。

图1-27　五毒蛙

图1-28　兔儿爷

图1-29　四喜娃娃

图1-30　鲁班锁

 案例

案例一：风筝

风筝发明于东周春秋时期，距今已2000多年。相传墨翟以木头制作木鸟（图1-31），研制三年而成（图1-32），这是人类最早的风筝起源。后来鲁班用竹子作为风筝材料，直至东汉，蔡伦改进造纸术后，坊间才开始用纸做风筝，称为"纸鸢"（图1-33）。唐、五代时期，风筝已经成为人民娱乐的工具，也作为一种儿童玩具日渐风行，清代诗人高鼎曾这样描绘放风筝的情景："儿童散学归来早，忙趁东风放纸鸢。"宋代时期，风筝作为一种民间工

图1-31　墨翟制木鸟

艺迅速发展，出现了众多的风筝行市，许多艺人以此为生，陆游的诗句"竹马踉蹡冲淖去，纸鸢跋扈挟风鸣"，记载了儿童放风筝的快乐情景。明清时期，风筝盛行，清明放风筝已成为一种民间风俗。现代，随着科技的进步和材料的创新，风筝的样式也越来越多，有的风筝还根据其特点进行了附属物的布置，但扎、糊、绘、放这四种风筝制作工艺仍然留存至今，使得风筝文化得以传承。

视频：
风筝的制作

图1-32 木鸢

图1-33 纸鸢

案例二：华容道

益智玩具"华容道"情景是根据《三国演义》中"诸葛亮智算华容、关羽义释曹操"的故事设置的。在华容道的10个板块上分别标有曹操、关羽、张飞、赵云、马超、黄忠和四个兵卒（图1-34）。游戏时利用棋盘中的空格移动板块，最后使最大的正方形"曹操"从出口移出。在游戏过程中，以横在中间的长方形最为关键，除非让路，否则"曹操"就无法移出，这块横放的长方形就是"关羽"。在游戏时，人们不禁想到关羽手握青龙偃月刀，身跨赤兔马，"横刀立马"于华容道上，挡住曹操去路的场景，同时，也使人联想到"武圣"关羽的豪迈。这既是对传统文化故事的延续，也是对中国儒家思想中"义"的传承。华容道棋盘中的"层拦叠嶂""水泄不通""峰回路转""井中之蛙"等牌示，目的在于增强玩具的趣味性（图1-35）。

图1-34 益智玩具华容道

图1-35 华容道棋牌牌示

（二）现代商业玩具

现代玩具工业的发展经历了以下几个阶段：第二次世界大战后，由于塑料的出现，塑料玩具逐渐代替了木制、金属玩具。20世纪70年代，电子玩具成为玩具的发展潮流。现在，为吸引儿童，玩具厂家不断更新玩具品种，研发智能玩具成为趋势，具体发展如下：

l. 近现代玩具发展

欧洲的工业革命推动了科学技术的提升，为玩具在近现代的蓬勃发展奠定了基础。原有的玩具在品种、款式、工艺、装饰，尤其是制造材料等方面得到了改进，塑料的出现，以其轻便容易加工、成本低廉等优势，取代了木头、金属、陶瓷等材料，成为玩具制造的主要材料（图1-36）。技术革新引领玩具的现代化，如蒸汽机的发明催生了惯性玩具的出现，钟表工业的发展促使发条玩具的产生（图1-37），电动机的问世很快又使电动玩具应运而生（图1-38）。到了现代，随着电子技术的进步，在电动玩具的基础上又产生了声控、光控、无线电遥控等电子玩具。

图1-36　塑料玩具

图1-37　发条玩具

玩具发展与动漫、电影产业也息息相关，动漫、电影产业的发达促进了玩具的发展，玩具属于动漫、电影产业的一种衍生品，如变形金刚（图1-39）、迪士尼玩偶等。

图1-38　电动玩具

图1-39　变形金刚

2. 21世纪以来玩具发展

21世纪以来，随着信息科技的飞速发展，数字化技术使玩具的形式和功能都发生了重大的变化，高科技化成为玩具发展最重要的趋势之一。高科技玩具不仅能够通过各类敏锐的传感器实现儿童与玩具的互动，还能借助移动互联网、数字化技术，成为儿童的智慧伙伴。如今机器人玩具已纷纷进入儿童玩具领域。

图片资源：
现代商业玩具

二、自制玩教具

自制玩教具是指制作者利用纸、布、泥、绳等各种材料，通过剪、折、缝、贴等手段，手工制作的玩教具。自制玩教具是学前教育专业学生必须掌握的一项基本技能，它渗透了儿童文学、儿童美术教育、儿童发展等多学科的知识。

（一）自制玩教具的特点

1. 教育性

自制玩教具的教育性体现在符合《幼儿园教育指导纲要（试行）》的基本精神，满足幼儿园校本课程的需求。教师能够根据幼儿园的课程目标和内容来考虑自制玩教具适宜的"用途"，充分发挥自制玩教具的作用，促进幼儿的发展。

2. 科学性

自制玩教具通常包含一定的学习任务，它能把抽象的概念具体化，让幼儿通过操作来学习和理解抽象的概念。自制玩教具能贴近幼儿身心发展的特点和水平，符合幼儿身心发展的客观规律，具有一定的科学性。

3. 趣味性

自制玩教具多为教师根据幼儿年龄特点设计制作的玩教具，色彩、造型等外观因素符合幼儿的审美情趣；在玩法上能激发幼儿的兴趣，操作过程有趣，引发幼儿进一步探索。

4. 简易性

自制玩教具的简易性表现在两个方面：一是就地取材，体现地方特色，成本低廉；二是制作方法简单，使用方便。

5. 创新性

自制玩教具的创新性表现在两个方面：一是构思新颖。自制玩教具在外形、结构、使用方法以及所用的材料等方面具有"独具一格"的特性。二是能够激发幼儿的想象和创造。一般来说，形象性的、开放性的玩教具能够促进幼儿想象力和创造力的发展。

（二）自制玩教具的分类

对自制玩教具进行科学分类，能够使我们从不同的角度了解自制玩教具，从而设计、制作出符合幼儿园教育、教学所需的玩教具。从制作材料上，自制玩教具可分为纸材料玩教具、布材料玩教具、泥材料玩教具、绳材料玩教具、天然材料玩教具和废旧材料玩教具（图1-40至图1-45）。从玩教具的功能上，自制玩教图片资源：
幼儿园自制玩
教具欣赏

具可分为益智类玩教具、角色表演类玩教具、建构类玩教具、操作类玩教具、美劳类玩教具、运动类玩教具、科学探究类玩教具、创意类玩教具、观赏类玩教具（图1-46至图1-54）。从幼儿园教育领域上，自制玩教具可分为语言类玩教具、科学类玩教具、艺术类玩教具、社会类玩教具和健康类玩教具（图1-55至图1-59）。

图1-40   纸材料玩教具

图1-41   布材料玩教具

图1-42   泥材料玩教具

图1-43   绳材料玩教具

图1-44   天然材料玩教具

图1-45   废旧材料玩教具

图1-46   益智类玩教具

图1-47   角色表演类玩教具

图1-48   建构类玩教具

图1-49　操作类玩教具

图1-50　美劳类玩教具

图1-51　运动类玩教具

图1-52　科学探究类玩教具

图1-53　创意类玩教具

图1-54　观赏类玩教具

图1-55　语言类玩教具

图1-56　科学类玩教具

图1-57　艺术类玩教具

图1-58　社会类玩教具

图1-59　健康类玩教具

（三）自制玩教具的意义

不论现代工业玩具发展得怎样智能，它们仍然不可能替代教师根据教学需要制作的玩教具，无论在教育教学活动中，还是在日常游戏中，或是在环境创设中，合理使用自制玩教具对幼儿的发展都有着重要的意义。

1. 培养幼儿的想象力

在教学活动中，玩教具可以让幼儿在宽松、愉快的氛围中自主学习，自由发挥想象力和创造力。首先，教师有效地使用玩教具，有利于增强幼儿对知识的理解，训练操作能力，可以满足幼儿个性化的学习需求。其次，教师运用玩教具进行教学，能使抽象枯燥的知识变得容易理解，激发幼儿的学习兴趣。再次，自制玩教具可以激发幼儿的情景感受，培养他们的感受力和表现力。如让幼儿戴上头饰和穿上服饰，扮演各种各样的小动物，使幼儿身临其境，兴趣盎然（图1-60）。最后，教师和幼儿共同制作玩教具，可以培养幼儿的创新思维和优良品质。如用纸箱做的建构玩具，不仅使幼儿锻炼了自主搭建和创新造型的能力，而且使幼儿养成了勤俭节约的优秀品质，增强环保意识（图1-61）。

图1-60　头饰与服饰

图1-61　建构玩具

2. 促进幼儿手部肌肉的发展

在日常游戏中，自制玩教具体现出一般商业玩教具所不具备的独特魅力，即自制性。自制玩教具能够促进幼儿手部肌肉的发展。首先，自制玩教具材质朴素、结构简单，幼儿可以充分发挥创造力，自行探索多种操作方式。其次，自制玩教具材料易得，即便幼儿在游戏中不小心损坏，教师也可以帮助幼儿一起再次制作。最后，自制玩教具可以增强幼儿利用生活材料，积极动手美化生活的意识和主动性（图1-62）。

3. 帮助幼儿在游戏中获得经验

自制玩教具的价值在于恰当地引导幼儿进行游戏，并且在游戏中获得特定的经验，促进发展。例如，当幼儿一起用大型盒子搭建一个城堡时，需要在头脑中回忆或者创造一个城堡；需要从一堆盒子中选取合适的元件进行搭建；需要与同伴交流各自有关搭建的想法；需要与同伴进行分工与合作；需要共同衡量搭建物的美观与否；需要同伴的鼓励；需要与同伴分享成功的喜悦（图1-63）。

图1-62　草编玩具

图1-63　城堡

4. 美化幼儿园环境

在幼儿园环境创设中，自制玩教具是不可缺少的。创设丰富的教育环境需要大量的玩教具，需要在室内、室外不同的区域投放不同的玩具与材料，以满足不同兴趣与能力的幼儿发展的需要。自制玩教具可以使环境的主题与教学需要相契合；同时，教师将幼儿自制的玩教具运用于环境创设中，可以增强幼儿的成就感、归属感（图1-64至图1-66）。

图1-64　师幼自制展板　　图1-65　用小灯笼制作的吊饰　　图1-66　用绘画作品制作的吊饰

5. 促进家园合作

自制玩教具可以让家长主动参与，和孩子一起完成玩教具的制作。这可以推动家园合作的教育理念，为家园式教学提供平台。

6. 提高教师的专业技能

幼儿园教师专业技能与其他学段教师的专业技能有所不同，因为幼儿园的"课本"，主要是各式各样的"玩教具"，所以幼儿园教师要能根据幼儿的特点和学习习惯，结合课程需要来制作玩教具，更好地促进幼儿的学习与游戏。

💡 **案例**

案例一：多功能益智箱（图1-67至图1-72）

图1-67　七巧板面

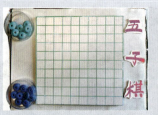

图1-68　五子棋面

图1-69　小瓶盖过河面

图1-70　扣扣子面

图1-71　拼图面

图1-72　点数面

视频：
多功能益智箱
的制作

多功能益智箱是大班幼儿进行益智游戏时使用的玩教具，它由七巧板、五子棋、小瓶盖过河、扣扣子、拼图、点数六个面组成。该玩教具具有以下功能：

第一，能够捕捉图案线索，自主地进行拼搭，培养幼儿的耐心和细心；第二，通过拼图训练幼儿理解"局部"和"整体"的关系；第三，进行从1到5的点数；第四，能够掌握扣扣子和拧瓶盖的精细动作，锻炼手眼协调及手指的灵活性；第五，能够快速认出各种形状，并学会形状的合并和拆分。

多功能益智箱选用的材料有纸箱、饮料瓶、瓶盖、废旧算盘珠、不织布、魔术贴、彩色卡纸、海绵纸等，采用的制作方法有剪裁、粘贴、缝制、编结、绘制、装饰等。在多功能益智箱制作过程中，六个面的设计是关键，其中拧瓶盖面和扣扣子面较复杂，是制作的重点。瓶子摆放要整齐，拧瓶盖面的图案要提前绘制，瓶盖洞口也要提前标好位置，进行剪裁。扣扣子面缝制要精细，线头最好隐藏在内部，避免影响外观，拉链缝制要左右对称，拉拽通畅。多功能益智箱的各面底色最好采用裱糊的方法，边缘光滑、表面平整；可拆卸部分要提前预留好魔术贴的位置，粘贴要牢固，便于幼儿操作。

案例二：经典永流传——童学馆（图1-73至图1-77）

图1-73 "经典永流传——童学馆"玩教具　　　　图1-74 船身中部设计了皮影表演盒

图1-75 杖头木偶道具　　　图1-76 布袋手偶表演　　　图1-77 幼儿自行组装布袋手偶

　　"经典永流传——童学馆"玩教具以传承传统文化为背景，以多功能"小舞台"为设计主体，通过玩皮影、杖头木偶、布袋手偶及表演各种剧目，培养大班幼儿的动手操作能力和语言表达能力，加深幼儿对传统文化的认知。"小舞台"可以组装成龙船的造型，在龙头、龙尾及船身的底部设计了暗盒，可以存放道具；船身的中部设计了皮影表演盒，可同时容纳4名幼儿进行皮影表演，船身的上部是表演杖头木偶和布袋手偶的表演台，表演台的两侧分别投放了师幼共同制作的杖头木偶和布袋手偶，能够满足《司马光砸缸》《孔融让梨》《神笔马良》等多个剧目的表演需求。

　　该玩教具也可用于集体教学活动的辅助教学，提高教学内容的趣味性；还可以作为小型文艺演出的表演台，丰富舞台表演的种类。这些自制的杖头木偶、布袋手偶和皮影既是我国优秀的非物质文化遗产，又是幼儿进行学习、表演的道具，教师可以引导幼儿以游戏的方式展现传统剧目，弘扬传统文化。

 实训任务

　　1. 以小组为单位，查阅我国传统玩具的文献资料，分析我国传统玩具在题材、图案、寓意、造型等方面的艺术特色及对学前教育的价值。

　　2. 根据我国某一类传统玩具的制作工艺，选取材料，按其制作方法，仿制一件传统玩具。

第二节　自制玩教具的基本理论

> **学习目标**
>
> 1. 了解自制玩教具的指导思想。
> 2. 理解自制玩教具的基本原则。
> 3. 熟悉幼儿园玩教具设计与制作的具体要求。
> 4. 掌握自制玩教具的环节。

自制玩教具，可以传承民族优秀文化，体现"以游戏为基本活动"的教育理念，满足本园、本班开展游戏活动和教学工作的实际需要。随着自制玩教具理念的发展，以及学前教育工作者对自制玩教具的重视，许多专家学者对学前教育文件中有关自制玩教具方面的内容进行梳理，下面我们从自制玩教具的指导思想、自制玩教具的基本原则、玩教具设计与制作的具体要求及自制玩教具的环节四个方面进行阐述。

一、自制玩教具的指导思想

倡导幼儿园自制玩教具是我国学前教育的优良传统。例如，在节约成本的思想指导下，我国著名儿童教育家陈鹤琴因地制宜，设计了很多具有中国本土特色的教具，如读法教学中的挂图和算数教学中的点数牌。再如，2012年，教育部印发《幼儿园教师专业标准（试行）》，该标准将自制玩教具作为教师专业能力的一部分，要求"合理利用资源，为幼儿提供和制作适合的玩教具和学习材料，引发和支持幼儿的主动活动"。自制玩教具需遵循以下指导思想。

（一）坚持"以游戏为基本活动"

"以游戏为基本活动"充分反映了《幼儿园工作规程》和《幼儿园教育指导纲要（试行）》所倡导的教育理念，是幼儿园教育区别于中小学教育的重要特点，适宜的自制玩教具是促进幼儿主动学习的重要物质条件。

（二）促进教师的专业化发展

根据幼儿游戏活动的需要和教育教学工作的需要自制玩教具，充分发挥玩教具的功能和作用，促进幼儿的学习和发展，是幼儿园教师重要的专业技能。

（三）鼓励幼儿参与

自制玩教具应当重视玩教具制作过程中幼儿的参与，把玩教具的制作过程转变为在教师支持下幼儿主动探索学习的过程。

（四）注重自制玩教具的使用

自制玩教具应当注重自制玩教具的使用，教师为幼儿制作的玩教具应能激发幼儿探索学习的兴趣，而不仅用于装饰，做到"做"与"用"相结合。

二、自制玩教具的基本原则

自制玩教具的主要使用对象是幼儿，符合幼儿的年龄阶段特点，幼儿爱玩、能玩的玩教具才是好的玩教具，因此，教师在制作玩教具过程中应遵循以下基本原则。

（一）保证安全性与清洁性

自制玩教具的材料应保证安全、无毒、不易破碎、无尖锐棱角和锋利边缘，采用环保材料来制作。选用天然材料制作玩教具时，要先进行清洗；选用废旧物品制作玩具时，要进行消毒处理。选材和制作方面，要看材料是否结实、耐用；过小的珠子、尖锐的物品在玩教具中都应小心处理或避免出现（图1-78至图1-80）。

图1-78　避免使用劣质塑料材料

图1-79　避免使用吸水珠

图1-80　避免使用切割开的易拉罐

（二）注重教育性、科学性和艺术性相结合

自制玩教具应具有促进不同年龄幼儿身心全面发展，启迪幼儿智力，辅助教学活动的功能。配合教学活动的玩教具除讲究形象逼真、材料丰富外，也应符合科学原则，有助于幼儿认识事物，掌握正确的概念和知识，同时，还应重点突出，一物多用。自制玩教具的形象要生动，色彩要和谐，造型要美观，做工要精细，具有审美功能，体现艺术性（图1-81至图1-83）。

图1-81　打怪兽

图1-82　弹跳球

图1-83　阶梯花束

（三）体现趣味性与创新性

自制玩教具的趣味性要求教师以幼儿为中心，体现童心、童趣，力求以丰富多

彩的造型、灵活多变的玩法吸引幼儿，做到好用又好玩。同时，在玩教具制作过程中，教师要发挥创造力，体现新颖构思，在玩教具材料外形、结构、使用方法等方面要"推陈出新"（图1-84至图1-86）。

图1-84   瓶盖魔法盒（1）　图1-85   瓶盖魔法盒（2）　　图1-86   幼儿用瓶盖作画

（四）兼具可玩性与可自制性

教师在设计玩教具时应考虑多种玩法，供幼儿在多种场合使用。教师制作玩教具时，应力求操作方便，避免因细节烦琐造成制作上的困难（图1-87至图1-89）。

图1-87   西游记皮影

图1-88   皮影道具　　　　　　图1-89   幼儿进行皮影游戏

三、玩教具设计与制作的具体要求

自制玩教具的设计要符合幼儿的认知发展水平，做到种类多样、样式新颖，颜色鲜艳，这样才能够引起幼儿的兴趣。制作玩教具时，取材要保障安全性，尽量使用本土材料制作具有地方特色的玩教具，具体要求如下：

（一）明确玩教具设计与制作的目的与意图

自制玩教具是一种教学或辅助教学的玩具，它是教师根据教育需要和幼儿发展需求，对各种资源和材料进行收集、分类、加工、改造、组合后制作而成的玩教具。自制玩教具对幼儿的发展有着独特的价值，制作前需明确玩教具的设计意图。例如，教师可以根据班级活动空间的大小设计玩教具的大小，根据幼儿的需求量确定制作的数量，并根据幼儿的情况对玩教具及时进行调整，使其达到最佳的使用效果（图1-90至图1-92）。

图1-90　精灵城堡　　　　图1-91　幼儿使用模块进行嵌入　　图1-92　可竖放、平放节省空间

教师在制作玩教具之前，还要思考以下两个问题：一是玩教具制作主要针对幼儿的哪种或哪些能力，幼儿在此方面的年龄特点、水平如何。二是玩教具的展现形式，主要用于环境创设还是幼儿活动，是以认识和观赏为主，还是以操作和探究为主。

（二）拓宽思路，充分发挥创造性

教师在玩教具设计与制作中，可根据目标与本班幼儿的特点大胆创新。教师的创新，需要建立在对大量自制玩教具案例的参观、研究、临摹、制作的基础上。当教师熟练地掌握玩教具制作技巧后，应对玩教具制作提出更高的创意要求，充分发挥想象力，使制作的玩教具更加别具匠心（图1-93至图1-95）。

图1-93　多功能盒子　　　　图1-94　神奇的滚动　　　　图1-95　自拼式布图书

（三）选材方面要考虑安全性和功能性

在安全性方面，自制玩教具应当参照国家关于玩教具的安全、卫生标准，确保

材料在使用、操作方法等方面，不会对幼儿造成伤害。自制玩教具的选材常常是废旧物再利用，这些废旧物主要是教师和幼儿日常收集而来的，一定要定期清洗、消毒、晾晒。如果教师自制玩教具时用到铁丝、别针、竹签等锐器时，务必将尖锐部分包裹好或截断，防止幼儿在使用时发生危险。自制玩教具还要注意其连接是否稳固、尺寸大小是否适合、是否有细小的零部件松动等问题。当幼儿首次接触某一玩教具时，教师要操作演示，确保幼儿安全、有序地进行游戏（图1-96、图1-97）。

图1-96　摇铃和响板

图1-97　投掷架

（四）充分发挥幼儿的主体作用

教师和幼儿共同制作玩教具，引导幼儿自己动脑筋，设计与制作玩教具，这样不仅使幼儿的想象力和操作能力得到发挥，而且会使幼儿养成热爱劳动，珍惜玩教具等诸多好习惯。教师和幼儿共同制作玩教具时，要充分发挥幼儿的主体作用。具体做法：首先，教师可以请幼儿一起收集玩教具制作的原材料；其次，某些简单的制作环节，教师可以请幼儿直接参与；最后，一些简单的玩教具，教师可以引导幼儿一人完成，幼儿操作自己制作的玩教具，会有很强的满足感（图1-98、图1-99）。

图1-98　幼儿自制毛毛虫玩具

图1-99　幼儿自制瓢虫玩具

（五）注意玩教具的重复利用

自制玩教具有时会耗费教师较多的精力和时间，也需要许多材料，因此，要注意玩教具的重复利用，充分发挥玩教具的价值。具体做法：首先，针对某一次教学活动设计的玩教具，用完之后可以放置于活动区，供幼儿操作练习；其次，当幼儿对一种玩教具不再感兴趣时，教师可以在原有的玩教具上添加一些因素，增大难度，使之成为幼儿手里的新玩具；最后，一些结实耐用的玩教具可以在大、中、小班传递，实现共享（图1-100、图1-101）。

图1-100 包子铺玩教具

图1-101 包包子游戏

 案例

案例一：小车历险记（图1-102、图1-103）

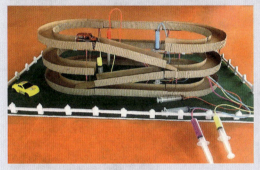

图1-102 "小车历险记"玩教具

图1-103 液体压强转化为动能游戏体验

幼儿科学学习的核心是激发探究兴趣，体验探究过程，发展初步的探究能力。为了更好地了解"液体压强转化为动能"，教师设计了"小车历险记"玩教具。该玩教具适合大班幼儿，可以一人或多人操作针管，通过抽拉装有红色、黄色、紫色、蓝色液体的针管，分别升降不同层的跑道，控制小汽车的行驶轨迹。该玩教具可操作性强，让幼儿通过观察和实践，了解压力大、压强就大的原理；通过针管抽拉液体升降跑道的实践，使幼儿掌握控制抽拉的力度，从而操纵小汽车在各层行驶，发展幼儿的手眼配合能力；通过多名幼儿分别控制玩教具配件，让幼儿体会合作游戏的快乐。

"小车历险记"选择的主要材料是废旧纸壳，纸壳属于低结构材料，安全、环保、经济、易操作，除此之外还选用了针管、聚酯纤维吸音板等材料；采用剪裁、组合、粘贴等制作方法，其中各层跑道的组合粘接是此玩教具的制作重点。粘接跑道前一定要制作稳固的支架，确保玩教具整体稳固、美观。还要考虑不同颜色针管控制不同跑道的问题，如控制第二层跑道升降的针管是黄色和红色，控制第三层跑道升降的针管是紫色和蓝色；调节小汽车从一层行驶到三层的针管是黄色和蓝色，调节小汽车从三层行驶到一层的针管是紫色和红色。幼儿可以根据游戏的情景进行不同层的配合操作，需要注意的是进行游戏的幼儿要控制好跑道的升降时机以配合汽车在各层间上下顺利行驶。

案例二：精灵方块（图1-104至图1-107）

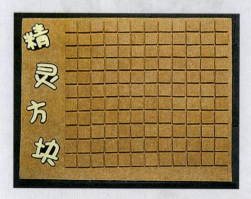

图1-104　"精灵方块"玩教具背板

图1-105　搭建城堡

图1-106　幼儿设计迷宫

图1-107　搭建坦克

"精灵方块"是适合中班、大班幼儿建构游戏的玩教具，该玩教具由一块大背板和若干个小方块组成，可平面搭建也可立体搭建；大背板表面还设计了卡槽，可供幼儿玩嵌入游戏，能够充分发挥幼儿的创造力、想象力和探索能力。中班幼儿可以用小方块进行自由搭建，拼接成几何形或简单的图案，也可以进行色彩的分类与组合游戏。大班幼儿可以嵌入小方块，自己设计迷宫，以小组合作的方式将小球推到终点，走出迷宫。

该玩教具所选用的主要材料为聚酯纤维吸音板和魔术贴，采用剪裁、缝制、粘贴、装饰等制作方法。制作程序并不复杂，只需将聚酯纤维吸音板裁切成若干个大小相同的方形，并用魔术贴在方形四周进行包边，制作成方形基础原件即可。需要注意的是魔术贴分为毛面和勾面，所以设计带有毛面方形原件和勾面方形原件的数量要相等，且魔术贴一定要缝制牢固，线头最好要隐藏，避免影响外观。

四、自制玩教具的环节

自制玩教具制作的过程由若干个各具特点又互相联系的工作环节构成，但其环节的数量及顺序，或简易或复杂，并不是一成不变的。从一般意义上讲，自制玩教具大致包括以下环节：

（一）构思

构思又称为立意，主要指在头脑中通过想象和思维，对作品的主题、材料、造型、结构、色彩、装饰、功能等因素，以及幼儿在活动过程中的外部制约条件，进行全方位的思考。这是一种形象思维的过程。

（二）设计

把头脑中的构思形成初步的设计图，使构思更加明晰化，包括作品各部分的比例、各部分的结构，制订可行的设计方案。

（三）选材

选材是保证顺利实现构思和设计的重要条件。选材有"因意选材""因材施艺"两个原则。"因意选材"强调对材料的选择和利用；"因材施艺"强调材料可以启迪和影响构思和设计，如废弃物的利用。

（四）制作

制作是运用工艺技术手段完成玩教具的过程。教师应根据材料特点合理选择制作方法。例如剪贴、编织、印染、雕刻、捏塑、黏合、插接等，适合不同质地的材料，具有不同的造型特色和效果。玩教具的制作工艺不追求复杂，但应遵循科学性和安全性原则。制作工艺应精细、确保牢固，使玩教具耐用、耐玩，便于幼儿在游戏、活动中操作。

（五）装饰

装饰是通过涂绘、粘贴等手法对玩教具进行美化装饰，增强玩教具的视觉美感，使其不仅具备使用功能，而且具备审美功能。

💡 **案例**

案例一：民俗村（图1-108至图1-112）

图1-108 "民俗村"玩教具

图1-109 饲养棚

图1-110 民俗屋

图1-111 朝鲜族特色糕点

图1-112 灶台

　　"民俗村"是观赏类、艺术类、操作类相结合的综合型自制玩教具，适合小班、中班、大班幼儿进行观赏、认知、操作，它展现了朝鲜族的饮食、服饰、起居、日常等场景。该玩教具是朝鲜族民俗村落的缩影，小班幼儿通过观察可以发现美的事物，初步了解民族文化；中班幼儿以角色游戏的方式操作小物件，进行场景、道具的自由组合，并借助语言表达自己的想法，提高对生活物品和自己周边环境的审美评价能力，激发美化生活的愿望；大班幼儿可以和教师一起制作朝鲜族的特色饮食，感受各种材料的特性，合理利用多种材料和工具进行制作活动，提高动手能力，进一步了解民族文化。

　　该玩教具所选用的材料有废旧纸箱、报纸、泡棉、彩色卡纸、桔梗稻草、木块、树枝、超轻黏土等，采用剪裁、裱糊、捆扎、捏塑、粘贴、装饰等制作方法。制作时需要先了解朝鲜族的建筑特征。房屋的制作是整个民俗村玩教具的重点，开窗的位置、大小都要预先在纸箱材料上标明；裱糊彩纸时尽量选择乳白胶，用板刷有规律地平刷，确保表面平整；窗边、门边最好有包边。屋顶的稻草先要小捆扎结，再连接成片，盖在屋顶上，这样既整齐又牢固。彩泥捏塑小动物及生活用具时要注意整体的比例关系，颜色要和谐统一。

案例二：奔跑吧!轮子（图1-113、图1-114）

图1-113 "奔跑吧！轮子"之小火车　　图1-114 "奔跑吧！轮子"之小推车

"奔跑吧！轮子"玩教具整体造型由"小火车"和"小推车"构成，是适合中班、大班幼儿的运动类玩教具。"小推车"运动玩教具能够增强幼儿手部的控制力量及平衡力，锻炼幼儿边跑边掌握方向的能力；"小火车"运动玩教具能够使5名幼儿同时锻炼腿部肌肉，加强手、眼、脚的协调能力，养成敢于尝试和克服困难的良好品质。

"奔跑吧！轮子"玩教具制作材料主要有大矿泉水桶、PVC管、纸盒、红色胶带、无纺布、纸篓、麻绳等，采用钻孔、焊接、组合、粘贴、装饰等制作方法。链接PVC管时，可采用热熔焊接法，也可采用强力胶粘贴法，无论选用哪一种方法，都要确保玩教具牢固，使幼儿在使用时不会发生危险。中班幼儿玩"小火车"时，要手扶PVC把杆，脚踩矿泉水桶，听到口令后，向同一方向，步伐一致地向前蹬踩，使"小火车"向前行驶。大班幼儿玩"小推车"时，可以预先在赛道上摆放障碍物和需要运输的材料，幼儿选择赛道，听到口令后，装好运输材料，手扶PVC把杆，使水桶滚动，绕过障碍物，尽量保持"小推车"平衡，不让"小袋鼠"的货物掉在外面。

 实训任务

1. 以小组为单位（6~8人一组），按照自制玩教具的材料类别，分别收集纸、布、泥、绳、废旧生活材料并放置在对应的材料箱中；准备剪刀、格尺、缝纫针线、画笔、颜料、酒精胶、魔术贴等常用工具与材料。

2. 收集两个不同类别的自制玩教具案例进行介绍。

实训目的：尝试运用所学知识分析自制玩教具的优缺点；能较规范地表述和评价幼儿园自制玩教具，为自己制作玩教具做好准备。

实训方式：以小组为单位完成任务。

实训要求：各组在充分研讨的基础上，选出2名代表介绍自制玩教具案例，并完成"自制玩教具"分析报告。以下为参考案例。

玩教具名称	海底百宝箱
玩教具类别	益智类
玩教具效果图	玩教具效果图如图1-115、图1-116所示  图1-115 玩教具效果图一 　　　　图1-116 玩教具效果图二
选用材料分析	海底百宝箱选用的材料有废旧纸箱、海绵纸、塑封膜、彩纸、吸管、瓶盖、珊瑚绒毛线、扭扭棒、超轻黏土、塑料球、不织布、玻璃纸
制作方法分析	采用的主要制作方法有裱糊、剪裁、粘贴、绘制、捏塑、装饰等
玩法分析	玩法一："彩色鱼刺" 根据鱼刺的长度，将长短不一的彩色的吸管放到对应的长框中 玩法二："我要吃鱼" 幼儿根据图案的不同颜色，投喂对应颜色的小鱼，投喂后幼儿要自己按颜色、数量说出给谁投喂了小鱼 玩法三："猜猜我是谁" 幼儿根据鱼的外形特征，——对比黑色的影子，寻找相对应的鱼 玩法四："鲸鱼排排队" 幼儿按照颜色卡的顺序，将四种颜色的鲸鱼对应排列

续表

功能分析	1. 按照颜色排序，能培养幼儿的比较能力、观察能力和思维的灵敏性。红黄蓝绿四种颜色能对幼儿的视觉产生强烈的刺激，激发幼儿的兴趣和探索欲望，同时巩固幼儿对基本颜色的认识 2. 辅助学习颜色的对应，根据不同颜色的图案，投喂不同颜色的食物，创设有趣的游戏情景，根据投喂食物的数量，将数的概念融入操作中，培养幼儿数学方面的认知 3. 通过动物外部图形的轮廓配对影子，锻炼幼儿的逻辑思维和观察能力，激发幼儿的好奇心，充分调动幼儿的手、眼、脑等感官
优势分析	1. 有利于促进幼儿主动学习。小班幼儿好奇心强，海洋主题的玩教具对幼儿来说非常新颖，玩教具的设计添加了凸起来的装饰物，幼儿可以用手去感受触摸，调动幼儿的求知欲 2. 有利于增强幼儿认知、操作能力的训练。幼儿在进行游戏、探索的过程中，充分认知，动手操作教具，将海洋生物与影子一一比对，找到对应的影子；在玩"彩色鱼刺"时，幼儿之间进行交流，讨论是谁吃剩下的鱼刺，并拿着彩色吸管喂给鲨鱼吃
问题分析	1. 玩法过于简单 2. 不牢固、易损坏
建议	1. 在玩教具"鲸鱼排排队"立面中，可以增加幼儿认知范围内的其他颜色，针对幼儿之间的能力差异，提供难易不同的操作工具，幼儿可以自由地选择游戏难度 2. 玩教具整体都是用彩纸裱糊的，不是很牢固；用热熔胶粘上的超轻黏土和塑料球，容易掉落丢失，可以选择不织布材料，采用缝制的方法进行制作

第二章 语言领域玩教具制作

学习指导

　　通过学习本章内容，你可以理解语言领域玩教具的分类，熟悉语言领域玩教具的制作方法，进而能够设计与制作符合幼儿年龄特点的语言领域玩教具。

　　制作语言领域玩教具应考虑幼儿的年龄特点和发展阶段，突出创新性和生动性。选择材料时还应考虑其适用性与安全性，教师可提供一部分故事（诗歌）材料，让幼儿在不断地操作中，进行发现式学习。

幼儿时期是人类语言能力发展的黄金时期，语言交流是幼儿获得信息的重要途径。在幼儿园语言教学活动中，教师为幼儿提供玩教具，并且有意识地引导幼儿进行语言练习，是锻炼幼儿语言表达能力的重要手段之一。语言领域玩教具的主要作用是配合语言教学活动的开展，创设宽松、和谐的语言环境，发展幼儿的语言表达能力，同时，引导幼儿通过感知图画、运用符号或者模拟运用文字等游戏，获取前书写经验，激发幼儿对书面语言的兴趣。本章主要从语言表达类玩教具、阅读与书写准备类玩教具两部分进行阐述。

第一节 语言表达类玩教具

学习目标

1. 了解语言表达类玩教具及其教育价值。
2. 熟悉语言表达类玩教具的分类。
3. 掌握语言表达类玩教具的基本制作方法，并能够独立设计、制作语言表达类玩教具。
4. 能够将所制作的玩教具应用到幼儿园语言领域的游戏和教学活动中。

语言表达对幼儿丰富知识、发展智力具有重要作用。教师对幼儿进行语言教育，除了利用集体教学活动时间，还要积极利用一切可能利用的机会，为幼儿创造一个敢说、喜欢说、有机会说的环境。

教师通过自制语言表达类玩教具，可以有针对性地对幼儿进行语言教育，引导幼儿表达自己的感受；教师还可以根据故事角色，提供富有变化的玩教具，为幼儿提供一个多角度的语言环境。这些都符合幼儿好奇、好问、好动手的心理特点，不仅可以培养幼儿的语言表达能力，而且手、脑、口并用，能使幼儿得到全面发展。

语言表达类玩教具主要包括听说游戏玩教具和讲述活动玩教具。

一、听说游戏玩教具

听说游戏玩教具是为了培养幼儿的倾听、表达能力而专门设计、制作的玩教具。听说游戏玩教具可以激发幼儿的表达欲望，使幼儿有更多机会运用语言表达自己的思想情感，从而在游戏中丰富幼儿的词汇量，发展幼儿的倾听和语言表达能力，提升幼儿的认知水平和经验。

（一）听说游戏玩教具的分类

听说游戏玩教具按照内容可划分为词句运用类玩教具和描述练习类玩教具。词句运用类玩教具以丰富幼儿的词汇量，教幼儿正确理解并运用词语为目的，具体应用包括词语对对碰、词语接龙等。描述练习类玩教具以训练幼儿运用连贯的语言对事物进行生动形象的描述为目的，具体应用包括事物描述、人物描述等。

（二）听说游戏玩教具的制作

听说游戏玩教具在设计理念上应注意趣味性，让幼儿感受听说游戏的魅力；在内容选择上应选择与幼儿生活较为贴近的内容；在文字选取上应选取笔画较少的文字，配合图形，易于被幼儿理解；在材料选择上应以柔软的不织布材料为主材，其他种类材料为辅材，既符合利用综合材料自制玩教具的原则，又保障玩教具在互动操作时的牢固、耐用。在制作时，除了采用缝制、粘贴、绘制、装饰等方法之外，还应考虑玩教具的整体性，运用手工和绘画技法，有计划、有步骤地完成玩教具制作。

听说游戏玩教具具体制作步骤如下：

（1）根据设计意图收集相关的图片资料，绘制图稿，在图稿上标注选用材料的材质。

（2）准备工具和材料，再依据图稿对材料进行切割与剪裁。

（3）采用绘制、书写的方式对文字进行设计，最好配以图形、图案。

（4）将剪裁好的材料进行拼摆，采用缝制、粘贴等方法进行组合、连接，最后加以装饰。

（5）合理设计玩教具的使用说明书或提出玩教具辅助幼儿语言学习的具体要求，方便教师和幼儿正确使用。

（三）听说游戏玩教具的应用

听说游戏玩教具在日常教学活动、游戏活动和区域活动中应用非常广泛。教师适当地应用听说游戏玩教具辅助教学，可以更好地帮助幼儿理解语言文字，提高他们学习文字的兴趣。在游戏活动中，幼儿和同伴一起操作听说游戏玩教具，可以仔细倾听同伴的指令，并及时做出反应，进而提高听说能力。在语言区投放听说游戏玩教具，如会讲故事的布玩偶，可以增强幼儿的理解能力和表达能力。

 案例

案例一：词汇布书——书不尽言

1. 设计意图

丰富的词汇是语言交流的基础，"词汇布书"玩教具可以帮助幼儿丰富词汇量，准确地表达思想，提高对词汇的运用能力。

2. 物质准备

主要工具：铅笔、勾线笔、剪刀、针、直尺、酒精胶等。

主要材料：不织布、魔术贴或背胶魔术贴、彩纸、手缝线等。

3. 制作步骤（图2-1至图2-5）

图2-1　　　　　　　　　　　　　　　　　图2-2

图2-1　先在不织布上画出小动物和果蔬的轮廓，再依轮廓进行剪裁；采用粘贴、缝制、装饰的方法，完成小动物和果蔬的制作。用粉色、黄色彩纸剪出圆形，用黑色勾线笔写上文字，完成文字卡片的制作。

图2-2　先将紫色、棕色、蓝色、绿色的不织布分别裁剪为45 cm×20 cm的长方形作底面，在底面上采用粘贴或缝制的方法，完成转盘和音符、果篮和菜园、运输小火车、果树和池塘四个场景的制作。

图2-3　　　　　　　　　图2-4　　　　　　　　　图2-5

图2-3　将魔术贴分别粘贴在文字卡片的背面和水果、蔬菜图形的正面，文字与图形匹配，逐一粘贴好。

图2-4　采用粘贴魔术贴的方法，将火车车厢与文字固定，以同样的方法固定小动物。利用魔术贴勾面、毛面黏合的功能，达到自由拆分、组合的目的。

图2-5   先用长95 cm×20 cm的粉色不织布做封面和封底，再用不织布
        缝制4个红萝卜，上面粘贴"书""不""尽""言"4个字，最后
        装订成词汇布书。

4. 玩法应用

玩法一：文字对应图形（适合中班幼儿）

将文字与水果、蔬菜的图形一一对应，通过"文字与图形对对碰"的游戏，引导幼儿练习组词，提高认字、组词能力，丰富幼儿的词汇量。

玩法二：看图说话（适合中班幼儿）

幼儿根据布书中动物乐园的场景，用简单的句子进行描述，教师重复幼儿的句子，纠正句子结构，教给幼儿正确的表达方式，发展幼儿的语言表达能力，学会倾听。

玩法三：成语接龙（适合大班幼儿）

将文字卡片变换顺序，利用成语小火车的车厢顺序进行成语接龙，丰富幼儿的词汇，激发幼儿学习成语的兴趣。

玩法四：识字转盘（适合大班幼儿）

幼儿转动转盘，将外侧转盘的偏旁部首和内侧转盘的文字组合，拼成不同的汉字，如"口""刀"，组成汉字"叨"；"亻""十"组成汉字"什"激发幼儿对学习汉字的兴趣。

案例二：句型布书——水果我知道

1. 设计意图

幼儿在认识各种事物的时候，都需要用语言来说明其名称、形状和特征，例如，"这是苹果，它是红色的，圆圆的……"。"水果我知道"玩教具可以帮助幼儿练习"我看见了××（数量）、××（颜色）的水果"这一句型，理解句法的特点和规律，进一步提高幼儿的语言表达能力。

2. 物质准备

主要工具：剪刀、针、铅笔、勾线笔、打孔器、酒精胶。

主要材料：不织布、颗粒棉、魔术贴、白卡纸、手缝线、书环。

3. 制作步骤（图2-6至图2-11）

图2-6   图2-7   图2-8

图2-6 将4张不织布剪成10 cm×15 cm的长方形底面布片，在底面布片上打孔并装上书环。

图2-7 在不织布上分别画出葡萄、叶子的形状，各剪裁两片；采用绘画、缝合的方法制作"葡萄"，在缝合"葡萄"时，可以在布片中间夹层放一些颗粒棉，使其形成半立体造型。

图2-8 用不织布和魔术贴在"葡萄"背面和底面布片上制作"小粘贴"，再用白卡纸写上"我看见了××（数量）、××（颜色）的水果"句型并剪裁、粘贴在底面布片的左下方。

图2-9   图2-10   图2-11

图2-9 用同样的方法，制作两块"西瓜"和句型卡片。

图2-10 用同样的方法，制作三个"桃子"和句型卡片。

图2-11 用同样的方法，制作四根"香蕉"和句型卡片，完成句型布书的制作。

4. 玩法应用

玩法一：数一数、说一说（适合小班幼儿）

教师可以让幼儿数一数水果的数量，说出水果的名称和点数的结果；也可以让幼儿对水果进行增减，并说出增减后的水果的数量。点数可以训练幼儿的专注力；粘贴、拆卸水果可以锻炼幼儿的手眼协调能力；说出水果名称不仅强化了幼儿对水果的认知，还锻炼了幼儿正确的发音。

玩法二：我来说水果（适合中班幼儿）

教师引导幼儿观察水果的颜色、数量、形状，并用完整的句子表述。例如，"我看见了三个粉色的桃子"。对不同量词的运用，可以增加幼儿的词汇积累量；练习说一句完整的话，可以帮助幼儿理解句法的特点，锻炼幼儿的语言表达能力。

案例三：描述转盘

1. 设计意图

幼儿描述事物能力的发展可以通过描述训练来实现，描述训练主要包括特征描述训练、过程描述训练和场景描述训练。"描述转盘"玩教具包含动物、活动、场景三部分内容，幼儿可以描述

视频：
描述转盘的制作

不同小动物的特征、各类活动的过程，以及超市、公园等场景，从而提高语言描述能力。

2. 物质准备

主要工具：铅笔、水溶彩铅、毛笔、橡皮、剪刀、直尺、美工刀。

主要材料：白卡纸、素描纸、指针纽扣。

3. 制作步骤（图2-12至图2-18）

图2-12

图2-13

图2-12   先将白卡纸裁剪成直径为20 cm的圆形，再用铅笔在卡纸上勾勒轮廓，完成线稿的绘制。

图2-13   用水溶彩铅上色并用毛笔蘸水进行色彩晕染，完成第一幅图画的绘制。

图2-14

图2-15

图2-14   用同样的方法完成其他图画的绘制。

图2-15   "各类活动"圆盘制作完成，将圆盘压平后再使用。

图2-16

图2-17

图2-16 按照"各类活动"圆盘制作方法，完成"各类场景"圆盘的制作。

图2-17 按照"各类活动"圆盘制作方法，完成"各种动物"圆盘的制作。

图2-18

图2-18 将三个圆盘重叠放置，再用美工刀将最上面两层进行切割，最后安装上指针，完成制作。

4. 玩法应用

玩法一：动物我来说（适合小班幼儿）

幼儿两人一组，使用"各种动物"圆盘，一个幼儿转动指针，指针转到哪个动物，另一个幼儿就对该动物进行描述，培养幼儿描述动物外部特征的能力。

玩法二：这是哪儿（适合中班幼儿）

幼儿从"各类场景"圆盘任意选取一张卡片，仔细观察后描述卡片上的场景；教师还可以让幼儿发挥想象，在描述卡片场景的基础上编故事，锻炼幼儿的观察力和想象力。

玩法三：我是画中人（适合大班幼儿）

将"各种动物"圆盘和"各类场景"圆盘撤掉，只留下"各类活动"圆盘，幼儿先转动指针选取内容，再扮演画面中的角色，运用第一人称来描述活动，锻炼有目的、有条理、有主次地描述各类活动过程的能力。

二、讲述活动玩教具

语言讲述活动是一种特定的幼儿对话、语言表达训练方式，幼儿使用相对完整、连贯的语言来描述自己的想法、叙述简单的情节内容的活动。教师可以借助讲述活动玩教具辅助教学，通过看图说话、自由表达等方式，让幼儿边玩边讲，提高口语表达能力。讲述活动玩教具符合幼儿好奇、好问的年龄特点，不仅可以培养幼儿的语言表达能力，而且能够引导幼儿手、脑、口并用，促使幼儿全面发展。

（一）讲述活动玩教具的分类

讲述活动玩教具按照凭借物的特点可分为看图讲述类玩教具、情境讲述类玩教具、表演讲述类玩教具。看图讲述类玩教具是辅助幼儿讲述活动的主要用具，如故事放映机、讲故事骰子等。幼儿通过观察玩教具中的图片，准确、完整地表述图片内容，实现边玩、边看、边说。情境讲述类玩教具是以设计某种情境、场景为主体的玩教具，如故事盒、故事屋等。教师利用情境讲述类玩教具，帮助幼儿将故事情节、对话连贯地表达出来。表演讲述类玩教具是幼儿进行表演性讲述活动所用的玩教具，如讲故事用的手偶、小剧场等。

（二）讲述活动玩教具的制作

无论是哪种类型的讲述活动玩教具，设计的要点都是从幼儿的实际生活出发，利用幼儿生活中熟悉的元素，如"骰子""小动物"等，营造生活情境和故事情境，使幼儿在这样的情境中提高讲述水平。讲述活动玩教具主要采用分解、剖切、变形、改装材料或利用材料的一部分等方法来制作，所选材料一般为废旧生活材料。讲述活动玩教具具体制作步骤如下：

（1）根据设计意图搜集相关的图片资料，绘制图稿，在图稿上标注选用材料的材质。

（2）准备工具和材料，再依据图稿对材料进行切割与剪裁。

（3）采用缝制、粘贴的方法，将剪裁好的材料进行组合、粘接，最后进行装饰。

（4）调整玩教具的整体造型，注意实用性和审美性相结合。

（三）讲述活动玩教具的应用

讲述活动玩教具主要应用在语言教学活动和区域活动中。在日常语言教学中，教师可以利用看图讲述类玩教具和情境讲述类玩教具，引导幼儿掌握讲述的一般方法，能够连贯、完整、清楚地讲述某一事物。在区域活动中，幼儿可以使用表演讲述类玩教具进行故事表演，在特定的情境中学习运用语言、动作等表现故事情节，丰富词汇量，发展语言表达能力。

案例

案例一：讲故事骰子

I. 设计意图

在语言教学活动中，教师发现有的幼儿讲故事时滔滔不绝，但讲着讲着就离题了，这与他们没掌握讲述的方法有关。"讲故事骰子"玩教具可以让幼儿初步了解故事的四要素，即时间、地点、人物、事件，并能根据骰子上的有关四要素的提示图片创编故事。

2. 物质准备

主要工具：彩笔、黑色马克笔、剪刀、透明胶、双面胶。

主要材料：废旧纸盒、彩色卡纸、图画纸。

3. 制作步骤（图2-19至图2-24）

图2-19

图2-20

图2-19 准备一个废旧纸盒作为骰子制作的主材料。

图2-20 将废旧纸盒折叠成正方体，用透明胶将其固定。

图2-21

图2-22

图2-21 用彩色卡纸在正方体上进行裱糊。

图2-22 用彩笔在图画纸上画出代表时间、地点、人物、事件的图画，并沿边缘剪下。

图2-23   图2-24

图2-23 将剪好的图画用双面胶分别粘贴在正方体的各个面上，并用黑
色马克笔给图画勾边，书写文字。

图2-24 用同样的方法制作另一个骰子，完成"讲故事骰子"玩教具的
制作。

4. 玩法应用

玩法一：我会观察我会说（适合中班幼儿）

教师引导幼儿观察骰子的各个面，理解图片所示内容，说出"画面上都
有什么，他们都在干什么"，再将画面内容用完整的话表述，培养幼儿的讲
述意识，激发其表达欲望。

玩法二：看图编故事（适合大班幼儿）

幼儿分别投掷骰子，并按照投掷的画面顺序来创编故事，要求说清楚故
事的时间、地点、人物、事件。创编故事不仅可以锻炼幼儿的记忆力，激发
幼儿的想象力，还可以提高语言表达能力。

案例二：《西游记》故事盒

1. 设计意图

在讲述《西游记》的故事时，有一种传统的叙事方式，即幼儿在教
师的提醒或引导下，利用平时看到的画面或电视上看到的情节讲述故事。
教师在教学中发现，这种借助单一内容、重复叙事的方式有一定的局限
性，幼儿都是在表述相同内容、相同主题。为了改变叙事方式，教师设计
了"《西游记》故事盒"玩教具，启发幼儿从不同角度讲述《西游记》的
故事。

2. 物质准备

主要工具：剪刀、彩笔、双面海绵胶、酒精胶等。

主要材料：废旧纸盒、彩纸、白卡纸、不织布、雪糕棍等。

3. 制作步骤（图2-25至图2-30）

图2-25

图2-26

图2-25　选择废旧纸盒、彩纸作为故事盒制作的主材料。

图2-26　先用粉色彩纸和蓝色彩纸将盒子的里外进行裱糊，再在白卡纸上画出图案，剪裁下来，用双面海绵胶固定在盒子的最里面，完成背景的制作。

图2-27

图2-28

图2-27　先在不织布上画出孙悟空的形象，裁剪成布片，再进行组合粘贴，制作孙悟空布偶。

图2-28　将孙悟空布偶用热熔胶固定到雪糕棍上。

图2-29

图2-30

图2-29　用同样的方法制作神仙布偶。

图2-30　用同样的方法制作哪吒布偶，最后用超轻黏土将三个布偶固定在盒子的底面上，完成玩教具制作。

4. 玩法应用

玩法一：故事接龙（适合中班幼儿）

一名幼儿观察故事盒场景，说出时间、地点、人物，另一名幼儿讲述人物在做什么，形成简短的故事。接下来另一名幼儿接着前一名幼儿的描述继续说，培养幼儿的思维能力、听说能力、想象力和表现力。

玩法二：小剧场（适合大班幼儿）

幼儿选择自己喜欢的角色后，可自己或与同伴一起自由表演或创编故事《西游记》，创编故事的过程可以有效培养幼儿的想象力、逻辑思维能力和语言表达能力。

案例三：小动物指偶

1. 设计意图

在幼儿园讲述活动中运用色彩鲜艳、造型生动的指偶、手偶，不仅可以吸引幼儿的注意，还可以创设亦真亦幻的故事场景，便于幼儿理解故事。"小动物指偶"玩教具能够更加直观、形象地诠释故事内容，幼儿在操作指偶的过程中，能够协调手、口、眼等多种感官。

2. 物质准备

主要工具：剪刀、针、酒精胶、直尺等。

主要材料：不织布、手缝线。

3. 制作步骤（图2-31至图2-34）

图2-31

图2-32

图2-31　将五种颜色的不织布裁剪成3 cm×6 cm的长方形布片各2片。

图2-32　采用平针的缝合方法将两片不织布缝合，底部不封口；再用不织布剪出狮子的头部布片，进行缝合。

图2-33　　　　　　　　　　　　　　　　　图2-34

图2-33　用黄色不织布制作狮子的脸部，采用手缝的方法完成小狮子的五官制作，再将狮子头部与指套部分进行缝合。

图2-34　用同样的方法制作其他小动物，完成玩教具的制作。

4. 玩法应用

玩法一：动物排排坐（适合小班幼儿）

幼儿把小动物指偶套在手指上，说出小动物的名称、颜色、特征，如"我是粉红色的小猪，我的鼻子大"，培养幼儿的观察能力，激发幼儿的表达欲望。

玩法二：故事表演（适合大班幼儿）

2～3个幼儿一组，扮演不同的指偶角色，教师引导幼儿从小动物的生活环境入手，尽情发挥想象，自由演绎故事。故事表演不仅提升幼儿的语言表达能力，而且锻炼幼儿手的灵活性，让幼儿在玩耍中学习，在快乐中体验。

三、优秀作品赏析

1. 听说游戏玩教具

"学量词"玩教具（图2-35）赏析：

该玩教具采用不织布和魔术贴材料，不织布质地柔软，不易损坏，魔术贴可反复撕贴，是玩教具中供幼儿自由操作的主要材料。该玩教具的主要功能是让幼儿感知常用量词的多用性，学习正确使用量词。制作重点是物品形状的剪裁、文字卡片的书写，形象要准确，边缘要光滑，文字书写要规范。因文字和物品都是可拆卸的，所以要提前预留好魔术贴的位置，并将缝制针脚隐藏起来。

图片：
语言表达类玩
教具欣赏

图2-35   学量词

"找相反"玩教具（图2-36）赏析：

该玩教具采用不织布材料，不织布颜色鲜明，幼儿可以被颜色吸引，记住标志。该玩教具的主要功能是让幼儿正确识字并说出相反字，答对了就可以在小盒子中抽取一个奖品。由于该玩教具文字和图形较多，所以制作重点是图形、文字的整体布局。

图2-36   找相反

"你说我猜"玩教具（图2-37）赏析：

该玩教具采用牛皮纸、卡纸、塑料薄膜、不织布等材料。制作重点是将牛皮纸折成立体的盒子，要先画图纸再进行折叠。制作难点是插动物卡片口袋的制作，要注意使用透明材料，让幼儿直观地看到动物卡片，考验制作者综合运用材料的能力。

图2-37 你说我猜

"量词我来说"玩教具（图2-38）赏析：

该玩教具采用白卡纸、不织布、魔术贴等材料，一整块不织布作为背景布方便收纳。该玩教具的主要功能是让幼儿通过量词与图案的配对，学会说量词，正确地使用量词。制作过程中文字卡片要书写规范，每个卡片都是可拆卸的，可以随意移动位置。

图2-38 量词我来说

2. 讲述活动玩教具

"讲故事列车"玩教具（图2-39）赏析：

该玩教具采用彩纸、卡纸等材料，主要采用绘制和剪裁的方法。制作过程中需要注意的是要给幼儿提供多种选择的情景卡片，包括人物、交通工具等；卡片的绘制风格不能过于写实，要以幼儿喜欢的卡通形象为主。

图2-39 讲故事列车

"故事屋"玩教具（图2-40）赏析：

该玩教具采用纸盒、不织布、超轻黏土、棉签等材料。制作重点是"故事屋"中的情境布置，色调要和谐统一，营造出小屋温馨的氛围。制作难点是小屋里道具的制作，如书架、楼梯等，要注意材料的稳定性和物体之间的比例。

图2-40   故事屋

"猴子捞月故事盒"玩教具（图2-41）赏析：

该玩教具采用纸盒、彩纸、超轻黏土等材料，主要功能是让幼儿通过立体化的故事情境，与同伴们一起演绎故事。制作重点是空间的布局，以大树为背景，让小猴子巧妙地将背景与底部平面连接在一起。

图2-41   猴子捞月故事盒

"故事放映机"玩教具（图2-42）赏析：

该玩教具采用纸盒、卡纸、铁丝等材料，主要功能是通过"电视机"让幼儿主动地了解故事，讲述故事。制作重点是摇杆的安装，要使"电视机"里的图片能够随意转换，纸卷不能太松也不能太紧。

图2-42　故事放映机

"乌鸦喝水故事盒"玩教具（图2-43）赏析：

"乌鸦喝水故事盒"是一件立体造型的玩教具，选用的材料有纸盒、卡纸、不织布、小木棍等。制作重点是盒子中的背景、道具和乌鸦玩偶立体空间的打造，要分出远、中、近三个层次。幼儿可以拿着乌鸦玩偶，根据乌鸦的造型推测故事情节，讲述精彩故事。

图2-43　乌鸦喝水故事盒

"狐狸和绵羊手偶"玩教具（图2-44）赏析：

手偶的制作常采用布材料，方便幼儿套在手上进行故事表演。"狐狸和绵羊手偶"玩教具的制作重点是手偶图稿的绘制和布片的缝制，要使手偶有足够的空间套在手上。制作难点是手偶的动物形象设计，一定要符合角色，表情要生动，能够体现角色的性格特点。

图2-44　狐狸和绵羊手偶

实训任务

1. 根据案例"句型布书——水果我知道"的制作方法，自制一件适合小班幼儿的听说游戏玩教具。

2. 根据案例"讲故事骰子"的制作方法，自制一件适合中班幼儿的讲述活动玩教具。

3. 设计并制作一件适合大班幼儿的语言表达类玩教具，并能够根据玩教具的玩法设计一节游戏活动。

提示：游戏活动设计包括游戏名称、游戏目标、玩教具准备、游戏过程、游戏小结等。以下为参考案例。

游戏名称	"三只小猪"剧场
游戏目标	1. 倾听并理解故事内容，懂得盖房子要付出辛勤的劳动 2. 能够用故事接龙的方式复述故事内容，并进行角色对话和皮影表演 3. 感知主要角色的不同特点，体验小猪的勤劳、聪明和勇敢
玩教具准备	1. 准备自制玩教具《三只小猪》故事盒（图2-45） ![玩教具正视图] 图2-45 玩教具正视图 2. 准备手电筒、白色背景布、话筒等
游戏过程	1. 聆听故事 师：小朋友们，你们知道房子是用什么盖的吗？（砖头、木材、稻草……） 师：有三只小猪也要盖房子，它们会用什么东西来盖房子呢？接下来，请小朋友们听故事，找答案

续表

游戏过程	2. 讲故事游戏 （1）故事接龙 教师利用故事盒创设故事情境，请一名幼儿复述故事情节，第一个情节复述完毕后，由其他幼儿继续复述后面的情节（可以让讲故事的幼儿指定下一个人，也可以按预先确定的顺序进行），每个幼儿的时间限定为1分钟 （2）角色对话 幼儿根据兴趣自由选择想扮演的角色。幼儿拿着纸偶（图2-46），用故事盒作为场景，进行对话游戏。在幼儿进行对话的时候，教师可以适当地提醒台词，并且鼓励其他幼儿一起参与  图2-46　纸偶 3. 皮影小剧场 教师引导幼儿根据故事情节，用"小剧场"进行表演。在故事盒上安装投影布，幼儿手拿纸偶，在故事盒的后面进行皮影戏表演（图2-47）  图2-47　皮影剧场效果图
游戏小结	故事接龙、角色对话、皮影小剧场游戏活动为幼儿营造了一个敢说、愿意说的语言环境，使他们理解故事内容、感受故事寓意、学习人物间的对话，从而为幼儿语言表达能力的提高奠定基础

第二节　阅读与书写准备类玩教具

▷ **学习目标**

1. 了解阅读与书写准备类玩教具及其教育价值。
2. 熟悉阅读与书写准备类玩教具的分类。
3. 掌握玩教具的基本制作方法，并能够独立设计、制作阅读与书写准备类玩教具。
4. 能够将所制作的玩教具应用到幼儿园语言领域的游戏和教学活动中。

阅读与书写准备能力是幼儿在系统地学习阅读和书写以前所获得的与阅读和书写有关的知识、技能和态度。这些知识、技能和态度为幼儿今后的阅读和书写奠定了重要的基础。《幼儿园教育指导纲要（试行）》指出，"利用图书、绘画和其他多种方式，引发幼儿对书籍、阅读和书写的兴趣，培养前阅读和前书写技能"。教师根据实际情况和教学内容自制阅读与书写准备类玩教具，可以给幼儿提供更多使用文字的机会，用多种形式培养幼儿对阅读与书写的兴趣。阅读与书写准备类玩教具主要包括阅读游戏玩教具和书写准备玩教具。

一、阅读游戏玩教具

从实际的阅读情况来看，能真正阅读的幼儿并不多，大部分幼儿只是"翻书"。教师自制阅读游戏玩教具可以帮助幼儿解决阅读过程中遇到的难题，深入理解故事，是将读本内容进行有效内化的"催化剂"，从而实现早期阅读的教育价值，培养幼儿的阅读兴趣。

（一）阅读游戏玩教具的分类

阅读游戏玩教具按照功能可以分为故事阅读类玩教具、阅读排序类玩教具、阅读习惯类玩教具。故事阅读类玩教具主要包括自制绘本、故事阅读卡等。阅读排序类玩教具主要包括看图排序、看物排序等。阅读习惯类玩教具主要包括自制书签、专注力训练卡等。

（二）阅读游戏玩教具的制作

阅读游戏玩教具在设计理念上不仅要注重玩教具自身的趣味性和实用性，还要考虑幼儿语言发展阶段目标以及幼儿的能力水平，让其在阅读游戏中能够理解玩教具想表达的内容，探索主题，进一步提升幼儿的阅读能力；在材料的选择上应尽量丰富，充分利用废旧材料和环保材料；在制作过程中要考虑自制玩教具的整体性，可以运用手工和绘画等技法，有计划、有步骤地完成。阅读游戏玩教具具体制作步骤如下：

（1）根据设计意图搜集相关的图片资料。

（2）准备工具和材料，根据纸张和不织布等主要材料的特性选取工具和辅助材料。

（3）采用绘制、剪裁、粘贴的方法，将材料进行组合、粘接，最后进行装饰。

（4）引导幼儿积极参与玩教具制作，充分调动幼儿的想象力和创造力。

（三）阅读游戏玩教具的应用

阅读游戏玩教具主要应用在教学活动、游戏活动和区域活动中。在教学活动中，教师采用阅读游戏玩教具辅助教学，生动有趣，能够吸引幼儿的注意力，通过互动的方式更好地引导幼儿进行阅读。在游戏活动中，教师可以投放故事阅读类玩教具和阅读习惯类玩教具，引导幼儿感受绘本中画面、文字之间的特殊关系，培养幼儿的阅读兴趣，养成良好的阅读习惯。在区域活动中，教师在美工区投放制作阅读游戏玩教具的材料，让幼儿通过操作活动，自主探究、体验、感悟，锻炼动手能力，形成良好的阅读态度。

 案例

案例一：自制绘本《不能吃》

1. 设计意图

3—6岁是阅读敏感期，幼儿通常对图画比对文字更感兴趣。自制绘本能让幼儿感受到学习的乐趣，激发阅读兴趣，提升对文字的敏感度。

2. 物质准备

主要工具：勾线笔、彩笔、剪刀、胶棒、白胶。

主要材料：白卡纸、碎花布、蕾丝花边。

3. 制作步骤（图2-48至图2-53）

图2-48

图2-49

图2-48　先用勾线笔在白卡纸上画出小熊和小猪的轮廓，再用彩笔涂色，写上故事名称，完成封面的制作。

图2-49　在白卡纸上绘制背景，利用碎花布制作"地毯"，用蕾丝花边进行装饰，再把小熊和小猪的形象粘贴到画面上，最后写上文字，完成第二页的制作。

注：小动物形象可先在白卡纸上画好，再沿轮廓剪下来，这样可以随意粘贴在画面上的任何位置。

图2-50

图2-51

图2-50　先绘制背景，再粘贴"小熊"和"小猴"，最后写上文字，完成第三页的制作。

图2-51　先绘制背景，再粘贴"小熊""小兔""冰箱"，可在画面中加一些装饰，最后写上文字，完成第四页的制作。

图2-52

图2-53

图2-52　先绘制背景，利用碎花布制作"树木"，再粘贴动物形象，写上文字，完成第五页的制作。

图2-53　先绘制背景，利用碎花布制作"圆形桌子"，再粘贴动物形象，写上文字，完成第六页的制作。

4. 玩法应用

玩法一：故事创编（适合中班幼儿）

教师遮挡页面中的汉字，引导幼儿先观察图画，鼓励他们依据看到的图画内容自行创编故事，这样不仅可以激发幼儿的好奇心和求知欲，还可以训练幼儿的观察力、想象力，同时了解语言叙述的内在逻辑顺序。

玩法二：我来评故事（适合大班幼儿）

教师引导幼儿逐字指读，尝试认读汉字。幼儿按照从左到右、从上至下的顺序阅读，阅读后进行故事评论。评论故事可以提高幼儿对故事的理解能力。

案例二：排序讲故事《小熊与花瓶》

l. 设计意图

幼儿虽然具有强烈的好奇心和求知欲，但还不能像成人那样进行系统、抽象的思维，而思维又直接影响着阅读的有序开展。"排序讲故事"是一个有效训练幼儿思维方法的玩教具，引导幼儿根据图片正确推理情节发生的先后顺序，再讲出完整的故事。

视频：
排序讲故事
《小熊与花瓶》
的制作

2. 物质准备

主要工具：剪刀、酒精胶、铅笔、马克笔、勾线笔、直尺。

主要材料：不织布。

3. 制作步骤（图2-54至图2-59）

图2-54

图2-55

图2-54　将橙色的不织布裁剪成4张30 cm×30 cm的正方形布片做底面。

图2-55　用铅笔在不织布上绘制图像，用剪刀沿轮廓线剪裁图像。

图2-56

图2-57

图2-56   把剪裁好的小熊布片、花朵布片、花瓶布片、足球布片等整理、摆放在一起。

图2-57   用勾线笔在小熊图像的边缘画出轮廓。

图2-58

图2-59

图2-58   用马克笔在花朵布片、足球布片上绘制图案。

图2-59   将小熊布片、花朵布片、花瓶布片、足球布片等按照设计好的构图粘贴在底面上，最后将贴好的四幅画面按顺序摆放好，完成玩教具制作。

4. 玩法应用

玩法一：故事排序（适合中班幼儿）

幼儿自由结伴，一名幼儿将四张图片的顺序打乱，另一名幼儿按故事情节发展的顺序将图片排列好，讲解故事大意。故事排序可以培养幼儿根据故事情节的发展变化，给故事合理排序的能力。

玩法二：我是小作者（适合大班幼儿）

教师鼓励幼儿对故事进行续编，并用美术材料将续编的故事情节表现出来，装订成一本故事书。教师引导幼儿给故事书的每一页配上台词，再交换故事书进行阅读。这个玩法可以培养幼儿的创造性思维，为早期阅读打下良好的基础。

案例三：卡通书签

I. 设计意图

"卡通书签"玩教具，可以引导幼儿认识书签，了解书签的作用，并能自己动手制作书签。欣赏了不同的书签之后，幼儿尝试用各种材料进行自由创作，培养想象力和审美能力。幼儿使用自制的书签可以为自己的阅读活动增添乐趣，培养阅读兴趣。

2. 物质准备

主要工具：剪刀、打孔器、铅笔、橡皮、直尺、勾线笔、水彩颜料。

主要材料：白色底纹纸、包装绳。

3. 制作步骤（图2-60至图2-63）

图2-60

图2-61

图2-60　将白色底纹纸裁剪成5 cm×10 cm的长方形卡片，然后用铅笔在剪好的卡片上绘制图案。

图2-61　用勾线笔勾边。

图2-62

图2-63

图2-62　用水彩颜料给图案上色，并画出剪裁的外轮廓。

图2-63　沿画出的外轮廓剪裁，用打孔器在卡片上方打孔，再系上包装绳，完成书签的制作。

4. 玩法应用

玩法一：书签展（适合中班幼儿）

教师鼓励幼儿举办书签展，评选出最美书签，提升幼儿的审美能力；将展览完的书签赠送给自己的好朋友，培养幼儿的分享意识。

玩法二：我是图书管理员（适合大班幼儿）

在图书区，幼儿轮流做管理员，给到图书区阅读的幼儿分发自制书签，管理员要在"良好习惯记录表"中用星星标记书签的使用情况，最后看谁的星星多，评选出阅读小达人，培养幼儿良好的阅读习惯。

二、书写准备玩教具

书写准备玩教具可以帮助幼儿感知文字的结构和笔画的顺序，这些都是前书写能力的基础。在书写游戏中，幼儿的手指协调能力、视觉分辨能力、想象力都可以得到很好的训练。

（一）书写准备玩教具的分类

书写准备玩教具按功能不同可以划分为控笔训练玩教具和写字训练玩教具。控笔训练玩教具主要包括线条练习类玩教具和图形练习类玩教具，如线条描红、画图形等；写字训练玩教具主要包括识字类玩教具和写字类玩教具，如文字的演变、描红等。

（二）书写准备玩教具的制作

在制作书写准备玩教具时教师要注意教学性与趣味性相结合，既能满足幼儿的好奇心，激发幼儿对书面语言的学习兴趣，又能为幼儿步入小学做好书写准备。书写准备玩教具具体制作步骤如下：

（1）根据设计意图搜集相关的图片资料，形成初步的设计稿。

（2）准备工具和材料。

（3）根据设计稿进行玩教具制作，设计玩法说明。

（4）引导幼儿积极参与玩教具制作，充分调动幼儿的想象力和创造力。

（三）书写准备玩教具的应用

书写准备玩教具在教学活动、游戏活动和区域活动中应用非常广泛。在教学活动中，教师利用书写准备玩教具以书写游戏的形式开展教学，可以充分激发幼儿的书写兴趣，引导他们掌握书写的技巧；在游戏活动中，教师可以充分发挥书写准备玩教具的趣味性，鼓励幼儿画出不同的形状，书写不同的内容等；在区域活动中，教师投放书写准备玩教具可以满足幼儿的发展需求，有利于幼儿思维能力的提升。

 案例

视频：
控笔训练卡的
制作

案例一：控笔训练卡

I. 设计意图

控笔训练玩教具可以锻炼幼儿的手部精细动作，提升手指和手腕的配合度，促进手脑协调，为将来规范书写打下基础。

2. 物质准备

主要工具：剪刀、勾线笔、直尺、铅笔。

主要材料：彩色卡纸。

3. 制作步骤（图2-64至图2-69）

图2-64

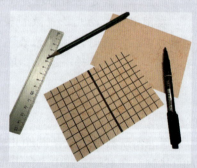

图2-65

图2-64 准备4张A4尺寸的长方形彩色卡纸及工具。
图2-65 用黑色勾线笔和直尺画出单位长度是2 cm的网格。

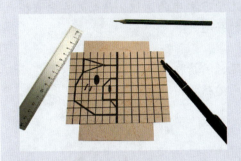

图2-66 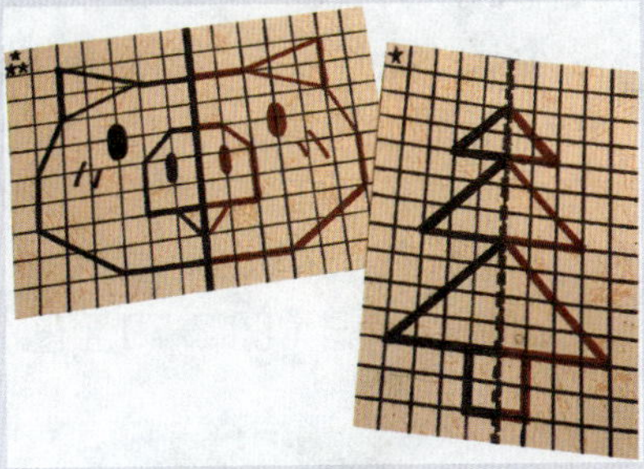   图2-67

图2-66 先用铅笔画出小猪的左半边，再用黑色勾线笔勾边。
图2-67 用红色勾线笔在打好格子的纸上画出小猪的右半边以及树的
　　　 图案。

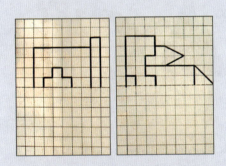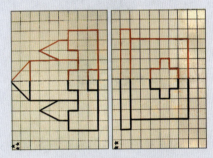

图2-68   图2-69

图2-68 用同样的方法，画出城堡图案的左半边。
图2-69 用同样的方法，画出城堡图案的右半边。控笔训练卡制作
　　　 完成。

4. 玩法应用

玩法一：线条描红（适合中班幼儿）

幼儿根据左边的图形，拿黑色的笔描摹右侧红色线条，形成一个完整的对称图形。描红练习可以训练幼儿拇指、食指与中指配合手腕动作的协调性，认识书写工具，培养幼儿的方向感，对上下、左右、中间、旁边、正反有明确的意识。

玩法二：画图形（适合大班幼儿）

幼儿根据左侧的图形，用铅笔画出右侧的图形。幼儿可以先从简单图形开始练习，要求左右对称、线条直挺、用力均匀，训练幼儿手、眼、脑的协调能力，提升行笔的稳定性。

案例二：文字的演变

1. 设计意图

"文字的演变"玩教具可以加强幼儿学习文字的意识，使幼儿在自我探索、尝试、操作的基础上提升认识汉字的兴趣。

2. 物质准备

主要工具：剪刀、铅笔、直尺、毛笔、酒精胶。

主要材料：不织布、背胶魔术贴、丙烯颜料。

3. 制作步骤（图2-70至图2-75）

图2-70

图2-71

图2-70   将彩色不织布裁剪成5 cm×5 cm的小方块，用毛笔蘸黑色丙烯颜料在上面书写象形文字，完成文字卡片的制作。

图2-71   在不织布上画出树、火焰、山、月亮、手的图案，再将其剪下。

图2-72

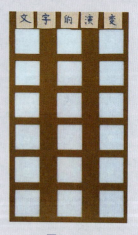

图2-73

图2-72 在剪好的文字和图案背面粘贴上背胶魔术贴。

图2-73 用两张等大的褐色和白色不织布制作背板。先在褐色不织布上
　　　　画出方格，再将方格的部分剪掉，将两块布重叠（白色不织布
　　　　在底层），粘贴在一起。

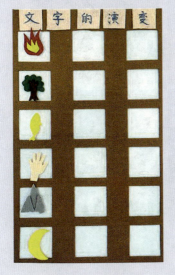
图2-74

图2-75

图2-74 将做好的图案分别粘贴到背板的第一列。

图2-75 将文字卡片粘贴到背板的其他两列。

4. 玩法应用

玩法一：看谁贴得对（适合中班幼儿）

教师出示图画，引导幼儿找出象形文字和简体字对应的图画。寻找的过
程可以训练幼儿的观察力，粘贴的过程可以训练幼儿的动手能力。

玩法二：写一写、画一画（适合大班幼儿）

教师出示"火""木"等图画与象形字，鼓励幼儿根据文字的演变，尝
试书写简体字。再出示"火""木"等简体字，让幼儿对应文字进行绘画。幼
儿也可以自己进行"写一写、画一画"游戏，不仅可以加深对汉字的认识，
还能训练书写能力和绘画能力。

三、优秀作品赏析

1. 阅读游戏玩教具

"乌鸦喝水"玩教具（图2-76）赏析：

"乌鸦喝水"是阅读排序类玩具。该玩教具以不
织布为主要材料，采用绘制、剪裁、粘贴、缝合的方

图片：
阅读与书写准
备类玩教具欣
赏

式制作，其主要功能是让幼儿在反复阅读《乌鸦喝水》的故事后，能够将故事图片根据故事内容进行排序。

图2-76　乌鸦喝水

"小蝌蚪找妈妈"玩教具（图2-77）赏析：

"小蝌蚪找妈妈"是故事阅读类玩教具。该玩教具以彩色卡纸、素描纸为主要材料，采用折纸、纸贴、剪纸、绘制等方式，其主要功能是让幼儿阅读《小蝌蚪找妈妈》的故事后，对故事进行续编。制作重点是青蛙、荷花的造型要形象生动，色彩运用要和谐美观。制作难点是设计幼儿创编故事的对话栏，要采用拼贴的方式，给幼儿留有足够的表达空间。

图2-77　小蝌蚪找妈妈

"找尾巴"玩教具（图2-78）赏析：

"找尾巴"是一本自制布书，让幼儿通过观察动物的特征，找到与之匹配的尾巴。制作重点是动物形象的剪裁、缝制，形象要准确生动，比例要适当。制作难点是用合理的色彩和图案来表现动物身上的花纹。

图2-78　找尾巴

"迷路的大熊"玩教具（图2-79）赏析：

"迷路的大熊"是一本自制绘本。该玩教具选取水粉颜料作为主要绘制材料。制作重点是设计故事内容，选择幼儿喜欢的绘画风格，文字书写要规范。

图2-79　迷路的大熊

2. 书写准备类玩教具

"运笔游戏卡"玩教具（图2-80）赏析：

该玩教具选取卡纸为主要材料，采用绘制的方式制作，其主要功能是让幼儿通过各类训练卡片，逐步提高运笔能力，培养手眼协调能力和专注力，从而为规范书写文字奠定基础。制作重点是绘制运笔图案。制作难点是设计运笔游戏，如借助垃圾分类或找对应图案来设计运笔路径。

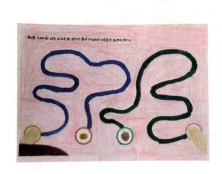

图2-80　运笔游戏卡

"控笔卡片"玩教具（图2-81）赏析：

该玩教具选取白卡纸为材料，采用切割、绘制的方式制作。制作重点是镂刻卡片上的图形和字母。制作难点是设计卡片上的内容，选择适合运笔的图形，要注意不同的运笔变化。

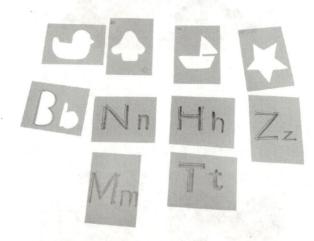

图2-81　控笔卡片

"描图画"玩教具（图2-82）赏析：

"描图画"选取较坚挺的白卡纸为主要材料，其主要功能是让幼儿根据设计的轨迹画出直线、折线和曲线，提高控笔能力。这种练习有助于激发幼儿书写的耐心和兴趣，从而能更加专注地练习书写。制作重点是图案的绘制，线条要流畅，造型要准确。

图2-82　描图画

"找影子连一连"玩教具（图2-83）赏析：

该玩教具选取白卡纸和彩纸为主要材料，其主要功能是让幼儿通过找影子的游戏进行画直线练习，训练手部控笔的稳定性，提高手眼协调能力，能够画出粗细均匀的直线。制作重点是图案的裁剪，影子的外形要和图案保持一致。

图2-83　找影子连一连

 实训任务

1. 根据案例"自制绘本《不能吃》"的制作方法，自制一件适合小班幼儿的阅读游戏玩教具。

2. 根据案例"控笔训练卡"的制作方法，自制一件适合中班幼儿的书写准备玩教具。

3. 设计并制作一件适合大班幼儿的阅读与书写准备类玩教具，并能够根据玩教具的玩法设计一节游戏活动。

提示：游戏活动设计包括游戏名称、游戏目标、玩教具准备、游戏过程、游戏小结等。以下为参考案例。

游戏名称	绘本阅读游戏"蚂蚁搬西瓜"
游戏目标	1. 知道一幅画可以说成一段话，一段话可以用一幅画来表示 2. 能用语言讲述图画内容，表达自己对故事的理解；能将绘本的前后画面联系起来，整体理解故事内容并续编故事 3. 感受阅读带来的乐趣

续表

玩教具准备	1. 准备自制玩教具"蚂蚁搬西瓜"（图2-84）  图2-84　玩教具"蚂蚁搬西瓜"封面 2. 准备白卡纸、彩纸、超轻黏土、彩笔、铅笔、剪刀
游戏过程	1. 感受故事情境 师：看图猜一猜，蚂蚁们要去干什么？ 出示封面和内页：原来蚂蚁要去搬西瓜 师：我们的故事就从这里开始了。在一个炎热的下午，一群小蚂蚁遇到了一块好大好大的西瓜。这是一块怎样的西瓜呢？（图2-85、图2-86） 　 　图2-85　绘本第二页　　　图2-86　绘本第三页 2. 阅读故事会（图2-87、图2-88） （1）一起读故事 教师和幼儿一起阅读故事，幼儿在听故事过程中可以品味图画的艺术美感，在欣赏图画的过程中可以认识文字、理解文学作品。在朗读的过程中，对于一些较为复杂的情节，教师可以用口语化的语言加以解释，以帮助幼儿理解。教师还可以采用"你问我答"的方式，让幼儿理解图画的含义，自己描述故事，寻找答案

游戏过程	（2）小小讨论会 教师让幼儿带着寻求答案的心理，有目的地阅读图书，阅读后鼓励幼儿提出尚未理解的内容并进行讨论，大胆质疑。在这个过程中，根据幼儿个体的差异，因人而异地进行指导，使幼儿在原有的水平上得到不同程度的提高，体验阅读的快乐   图2-87 绘本第四页　　　　图2-88 绘本第五页 3. 我是小作家 教师引导幼儿续编《蚂蚁搬西瓜》的故事。幼儿把创编的情节画成一页页的画，剪下来贴在一张张白色卡纸上，并发挥想象，画出背景，由幼儿口述教师帮忙配上文字，加上封底、封面，装订成册。同伴之间相互交流自己的作品（图2-89）  图2-89 自制绘本
游戏小结	通过不同方式的阅读可以使幼儿对书面语言产生兴趣，每一次阅读体验都激发了幼儿的好奇心，丰富了他们的阅读技巧，有助于他们养成良好的阅读习惯，提高阅读能力，促进语言发展

第三章 科学领域玩教具制作

学习指导

通过学习本章内容，你可以理解科学领域玩教具的分类，熟悉科学领域玩教具的制作方法，进而能够设计与制作符合幼儿年龄特点的科学领域玩教具。

制作科学领域玩教具应考虑幼儿的年龄特点和发展阶段，注意玩教具所要传达的科学知识的准确性和丰富性。教师选择材料时还应考虑适用性与安全性，可添加一些探索性的机关和结构，使玩教具更具有趣味性。

幼儿的科学学习是通过探究具体事物和解决实际问题，尝试发现事物间的异同和联系的过程。科学领域玩教具是一种以传授基本科学知识为手段，体验科学思维方法和科学探究为目的的玩教具。幼儿的思维特点是以具体形象思维为主，因此科学学习应注重直接感知、亲身体验和实际操作，科学学习类的玩教具对幼儿科学学习兴趣培养和创新思维提高会有很大的帮助。在幼儿园日常教学和游戏活动中，科学探究和数学认知都是不可或缺的主要内容，它们不仅是幼儿获取科学知识的有效途径，还是培养幼儿良好科学素养的基本载体。本章主要介绍科学探究类玩教具和数学认知类玩教具。

第一节 科学探究类玩教具

🖙 学习目标

1. 了解科学探究类玩教具及其教育价值。

2. 熟悉科学探究类玩教具的分类。

3. 掌握科学探究类玩教具的基本制作方法，并能够独立设计、制作科学探究类玩教具。

4. 能够将所制作的玩教具应用到幼儿园科学领域的游戏和教学活动中。

科学探究对幼儿发展认知能力、提高思维水平有特别重要的意义。《幼儿园教育指导纲要（试行）》指出，"幼儿的科学教育是科学启蒙教育，重在激发幼儿的认识兴趣和探究欲望"。但是科学领域范围广泛、原理深奥，想让幼儿掌握其中的奥秘并不是一件容易的事。在科学教育活动中，教师需要根据实际情况和教学内容自制玩教具，使一些深奥的科学原理变得更加浅显和直观，使抽象的知识形象化，从而容易被幼儿理解，激发幼儿的好奇心和探究兴趣，萌发幼儿热爱科学的情感。科学探究类玩教具主要包括动植物探究玩教具和物理现象探究玩教具。

一、动植物探究玩教具

大自然是幼儿科学探究的宝库。四季更替、周围生活环境的变化等都会激起幼儿强烈的好奇心，他们经常会问："树叶为什么到秋天就变黄了？鸡妈妈下的蛋是怎么孵出鸡宝宝的？"这些常见的自然现象和生命现象如果单纯用语言解释很难被幼儿理解，教师利用动植物探究玩教具可以形象地向幼儿解释一些科学现象，让幼儿了解大自然的变化规律。

（一）动植物探究玩教具的分类

动植物探究玩教具按照其内容可以划分为植物认知类玩教具和动物认识类玩教具。植物认知类玩教具主要包括植物标本、植物颜色、形状匹配图卡、植物生长排序卡等，动物认知类玩教具主要包括动物模型、动物玩偶、动物成长布艺书等。动植物探究玩教具可以通过分类、连线、找不同、配对等方式设计玩教具的玩法。

（二）动植物探究玩教具的制作

动植物探究玩教具在设计理念上不仅要注重玩教具自身的安全性和实用性，还要注重保留幼儿自主探究的空间，让幼儿在科学活动过程中最大限度地发挥自主探究的能力；在材料的选择上尽量要丰富，充分利用废旧材料和环保材料，废旧材料要采用科学的清洗方法，保证材料的安全性；在制作过程中要考虑自制玩教具的整体性，可运用手工和绘画技法有计划、有步骤的完成。动植物探究玩教具具体操作步骤如下：

（1）根据设计意图搜集相关的图片资料，绘制图稿。

（2）准备工具和材料，依据材料特性和图稿进行切割与剪裁。

（3）将剪裁好的材料进行组装，采用绘制、粘贴等方法进行装饰。

（4）将整体造型进行调整，注意实用性和美观性相结合。

（三）动植物探究玩教具的应用

动植物探究玩教具在日常教学活动、游戏活动和区域活动中应用非常广泛。教师适当地应用该类玩教具辅助教学，可以帮助幼儿更直观地认识动植物的形态、观察动植物的生长过程。在游戏活动中，幼儿可以在操作和探索玩教具的过程中感受动植物的生长奥秘，体验游戏的乐趣。区域活动投放动植物探究玩教具可以满足幼儿个体发展的需要，培养幼儿自主探索的兴趣。

 案例

案例一：树叶骰子

I. 设计意图

幼儿对大自然天生就充满着求知欲与好奇心，秋天到来的时候，很多落叶自然就成了幼儿关注的对象。教师可以以落叶为主题设计玩教具，让幼儿了解大自然中不同种类的叶子。教师可以针对叶子的外形、颜色、纹理等展开设计构想，考虑到幼儿爱玩的天性，加入一些趣味性的元件，如接龙牌等，使整个玩教具更加适用、有趣。

视频：
树叶骰子的制作

2. 物质准备

主要工具：剪刀、酒精胶、针。

主要材料：彩色不织布、按扣、魔术贴、手缝线、彩纸。

3. 制作步骤（图3-1至图3-6）

图3-1

图3-2

图3-1 用不织布剪出相同的两片叶子和两个叶脉，用酒精胶粘贴叶
脉，缝上黑色的魔术贴，安上按扣。

图3-2 用酒精胶将底片叶子粘贴到正方形的不织布上，用彩纸剪出叶
子的名称并贴在上面，完成小叶杨页面制作。

图3-3   图3-4

图3-3 按照上述方法，再做出银杏叶、草莓叶、四叶草、枫叶和重楼
叶的页面。

图3-4 先将树叶页面粘贴在正方形不织布上并在背面缝上与叶子瓣数
对应的按扣，再用针线在正方形的四周缝上黑色的魔术贴。

图3-5   图3-6

图3-5 把做好的正方形布片每两个一组，单边贴合。

图3-6 将6个正方形布片边对边贴合，组成一个正方体，完成树叶骰子
的制作。

4. 玩法应用

玩法一：叶子消消乐（适合小班幼儿）

取下骰子上的各种叶子（每一种叶子都有两片并粘有魔术贴和按扣），
并把所有叶子单片混合到一起，找相同形状、相同颜色的叶子配对，配对
成功即可"消除"这一种类的叶子，在规定时间内全部"消除"的幼儿
获胜。

给叶子配对可以加强幼儿对叶子形状、颜色的认知。同时摘取魔术贴和按扣也训练了幼儿的动手操作能力和手眼协调能力。

玩法二：翻滚吧，骰子！（适合中班幼儿）

几名幼儿轮流投掷骰子，停到哪个面，要数骰子上按扣的个数并说出按扣所在面的颜色，然后打开骰子，说出叶子的颜色和名称，答对者可以拿到叶子，最后看拿到的叶子最多即可获胜。

通过摇骰子游戏，幼儿可以沟通、交流，体验与同伴一起玩的乐趣。数按扣的个数可以培养幼儿的计数能力，辨认叶子的颜色可以提高幼儿对色彩的认知能力，辨认叶子的种类可以增强幼儿对叶子外形的认知。

玩法三：欢乐魔术贴（适合大班幼儿）

幼儿可以把粘有魔术贴的正方形拆开，再进行组装。幼儿可以独立完成，也可以和同伴合作完成。这个玩法可以锻炼幼儿的动手能力、空间造型能力以及合作能力。

<h3 style="text-align:center">案例二：找妈妈</h3>

I. 设计意图

"找妈妈"玩教具以《小蝌蚪找妈妈》故事为形象设计依据，以小青蛙、小鸡和小蝴蝶为形象代表，通过生动有趣的小动物造型呈现小动物们出生、长大后的形象变化。幼儿通过"找妈妈"玩教具可以了解小动物的成长过程，满足自己的好奇心和探究欲望。

2. 物质准备

主要工具：铅笔、剪刀、针、酒精胶。

主要材料：硬纸板、图画纸、不织布、魔术贴、尼龙绳、颗粒棉。

3. 制作步骤（图3-7至图3-I2）

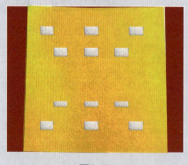
图3-7

图3-8

图3-7　先在黄色的不织布上缝四行魔术贴的勾面，然后用酒精胶将不织布平贴在硬纸板上，完成背板制作。

图3-8 在图画纸上绘制青蛙、蝌蚪、鸡妈妈、鸡蛋、蝴蝶、毛毛虫和花朵的图样。

图3-9　　　　　　　　　　　　　　图3-10

图3-9 依图样用不织布进行裁剪。

图3-10 先缝合青蛙和鸡妈妈的布片，再填充颗粒棉，完成青蛙和鸡妈妈的制作，在青蛙和鸡妈妈的背面缝上魔术贴的毛面。用同样的方法完成蝌蚪、蝴蝶、毛毛虫等的制作。

图3-11　　　　　　　　　　　　　　图3-12

图3-11 将青蛙、鸡妈妈上的毛面魔术贴与背板上的勾面魔术贴贴合。

图3-12 用酒精胶将三根不同颜色的尼龙绳粘贴在背板上，连接蝌蚪、鸡蛋、毛毛虫，完成玩教具制作。

4. 玩法应用

玩法一：找妈妈（适合小班幼儿）

将小动物背面的魔术贴粘在背板的魔术贴上，然后让幼儿顺着尼龙绳将动物宝宝与妈妈进行组合。按照一个妈妈两个宝宝的方式进行点数训练，培养幼儿的专注力和点数能力。

玩法二：连连看（适合中班幼儿）

根据动物妈妈的位置，以连线的形式在下面相应的位置贴上动物宝宝，根据动物宝宝的位置，以连线的形式在上面相应的位置贴上动物妈妈，提升幼儿对动物的认知经验；交叉、盘绕尼龙绳，让幼儿根据绳的轨迹找动物妈妈，培养幼儿的观察力。

案例三：常青树与落叶树

1. 设计意图

视频：
常青树与落叶树的制作

在北方，随着季节的更替，许多树叶都会发生颜色的变化，也有一些树木一年四季常青。幼儿会很好奇地问教师："为什么松树的树叶在冬天也是绿色的呢？为什么柳树的树枝光秃秃的啊？""常青树与落叶树"玩教具可以让幼儿了解树木的特点，在粘贴树叶的过程中锻炼幼儿的手眼协调能力。

2. 物质准备

主要工具：塑封机、剪刀、胶枪、热熔胶棒、胶水。

主要材料：纸板、不织布、铁丝、皱纹纸、魔术贴、树叶标本。

3. 制作步骤（图3-13至图3-20）

图3-13

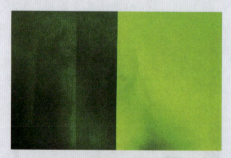

图3-14

图3-13   裁切纸板。

图3-14   用胶水将绿色的不织布裱糊在纸板上，完成背景板的制作。

图3-15

图3-16

图3-15   准备铁丝和棕色的皱纹纸。

图3-16 先用铁丝做骨架，再用皱纹纸包裹骨架，最后用热熔胶粘贴牢固，完成树干的制作。

图3-17　　　　　　　　　　　　　　　　图3-18

图3-17 将制作好的树干、标题文字粘贴在背景板上，并在树枝的周边用热熔胶固定魔术贴勾面。

图3-18 先将收集好的树叶标本用塑封机塑封，再在右下方贴上树叶名称，最后在树叶标本的背面粘贴魔术贴毛面。

图3-19　　　　　　　　　　　　　　　　图3-20

图3-19 在背景板下方用不织布进行装饰。

图3-20 将制作好的树叶标本按照类别贴上去，完成玩教具制作。

4. 玩法应用

玩法一：记一记（适合小班幼儿）

教师将树叶标本贴在背景板上，让幼儿记忆树叶标本的位置，然后撕下树叶标本，让幼儿还原树叶标本的位置，锻炼幼儿的记忆力。

玩法二：说一说（适合中班幼儿）

两名幼儿一组，让其中一名幼儿拿着树叶标本，并挡住右下角的名称，请另一名幼儿说出树叶标本的正确名称、颜色和形状，培养幼儿的语言表达能力和认知能力。

玩法三：分一分（适合大班幼儿）

将常青树与落叶树的树叶标本打乱、混合，让幼儿区分出常青树与落叶树的树叶，并以最快的速度将其贴在对应的背景板上，培养幼儿的认知能力。

二、物理现象探究玩教具

在日常生活中随处可见力、声、光、电、磁等物理现象，这些物理现象的发现和有效利用不仅给我们的生活带来了便捷，同时也推动了人类社会的进步。幼儿对发光、发声的物体充满了好奇心，喜欢去探索，但是这些物理现象比较深奥，同时又具有一定的不安全因素，因此，教师需要制作安全、适宜的玩教具来帮助幼儿探究和学习。力、声、光、电、磁玩教具是帮助幼儿认识科学现象、探索科技奥秘的玩教具，幼儿可以借助玩教具了解电的产生、光的折射、声音的传播、力的惯性、磁的排斥与吸附等神奇的物理现象。

（一）物理现象探究玩教具的分类

物理现象探究玩教具按其属性可分为力玩教具、声玩教具、光玩教具、电玩教具和磁玩教具。力玩教具主要包括摩擦力玩教具和重力玩教具，如滑道车、不倒翁等；声玩教具主要包括发声玩教具和传声玩教具，如共振鼓、传声筒等；光玩教具主要包括折射光玩教具和光影玩教具，如万花筒、影子盒等；电玩教具主要包括静电玩教具和电路玩教具，如静电气球、电路积木等；磁玩教具主要包括磁力玩教具和磁性玩教具，如钓鱼玩教具、碰碰车等。教师可以和幼儿共同制作以上类型的玩教具，满足幼儿的探索兴趣。

（二）物理现象探究玩教具的制作

物理现象探究玩教具在设计理念上不仅要注重玩教具的实用性和美观性，更要注重玩教具的安全性和严谨性，同时还要展现力、声、光、电、磁的神奇魅力。制作时要充分挖掘材料的特性，如塑封膜可以制作光影模具，亚克力板可以制作透光三棱镜，锡纸可以制作反光板等；粘贴时最好选择强力胶，确保玩教具牢固、耐用。物理现象探究玩教具不需要过多的装饰，能让幼儿在探究中了解特定的物理现象，易于操作即可。物理现象探究玩教具具体操作步骤如下：

（1）根据设计意图搜集相关的制作材料。

（2）绘制图样，在图稿上标明各部分元件的比例、结构、简要的物理现象原理。

（3）依据材料特性，在保证安全的基础上进行剪裁，再将剪裁好的材料进行组装、粘贴。

（4）在玩教具外形上进行简单的修饰，可添加文字说明或玩法提示符号。

（三）物理现象探究玩教具的应用

物理现象探究玩教具可应用于日常的教学活动、游戏活动和区域活动。在教学活动中，教师可以利用物理现象探究玩教具帮助幼儿获取知识，收集探究对象的特征信息。在游戏活动中，教师设计物理现象探究玩教具玩法，引导幼儿主动探究物理现象的奥秘，如利用风的产生进行赛车比赛，让幼儿体验游戏的乐趣。区域活动投放物理现象探究玩教具的制作元件，给幼儿提供自主探索、自制玩具的空间，体现了以幼儿为本、自主学习的教育理念。

案例

案例一：神奇传声筒

l. 设计意图

声玩教具能帮助幼儿体验身边各种不同的声音，探索不同材料对发声和传声的影响。空心纸杯的声音清晰响亮，实心纸杯的声音模糊低沉，传声筒玩教具能够让幼儿了解简单的声音传导原理，激发探究兴趣，幼儿通过操作能大胆地表达自己的发现。

2. 物质准备

主要工具：剪刀、双面胶、水彩笔。

主要材料：废旧纸盒、彩纸、纸杯、麻绳、水彩。

3. 制作步骤（图3-21 至图3-24）

图3-21

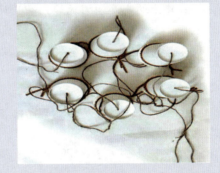

图3-22

图3-21　准备纸杯、废旧纸盒、彩纸和麻绳等材料。

图3-22　用麻绳的两端分别穿过两个纸杯底后打结固定，制成传声筒。

图3-23

图3-24

图3-23 在传声筒上用水彩笔蘸颜料画一些好看的图案作装饰。

图3-24 先将黄色的彩纸裱糊在废旧纸盒的外表面，并用双面胶固定；再在表面制作海绵宝宝的五官，完成传声筒收纳盒制作。最后把传声筒放进收纳盒里。

4. 玩法应用

玩法一：传声游戏（适合小班幼儿）

将幼儿分组，每一组拿一个穿有麻绳的传声筒，进行传声游戏，让幼儿了解简单的声音传导的原理。

玩法二：打电话（适合中班幼儿）

教师先缠绕麻绳，打乱传声筒，让幼儿在多组传声筒中找到对应的"伙伴"；再让两个幼儿拿传声筒进行电话游戏，向对方介绍传声筒的原理，既让幼儿复习了所学内容又训练了幼儿使用电话的礼仪。

案例二：魔力静电

1. 设计意图

气球是幼儿喜爱的玩具，幼儿玩气球时经常会出现静电现象，如气球粘在衣服、头发上。"魔力静电"玩教具，可以引导幼儿进一步探索神奇的静电现象，满足幼儿的好奇心和探究欲望，锻炼幼儿的动手操作能力。

2. 物质准备

主要工具：双面胶、剪刀。

主要材料：小型发动机、电路板、电池、塑料容器、泡沫球、小风扇、电池盒、导线。

3. 制作步骤（图3-25至图3-30）

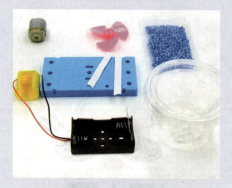

图3-25   图3-26

图3-25 准备好小型发电机、电路板、电池、塑料杯、小风扇、泡沫球等材料。

图3-26 用双面胶把电池盒固定在电路板上。

图3-27

图3-28

图3-27 用双面胶把小型发动机固定在电路板上。

图3-28 把导线的正极连接电池盒，负极连接小型发动机，再逐一将导线插入电路板底座的插孔中。

图3-29

图3-30

图3-29 将发动机上端连接小风扇和塑料容器，在塑料容器内撒入泡沫球。

图3-30 在电池盒内放入电池，启动开关，完成玩教具制作。

4. 玩法应用

玩法一：制作闭合电路（适合大班幼儿）

教师投放制作闭合电路的电路板、电池、小型发动机、风扇、导线等材料，两名幼儿合作完成材料组装，再打开电源开关，体验电能和动能的转化，培养幼儿自主探究和团队合作的能力。

玩法二：摩擦产生静电（适合大班幼儿）

安装塑料容器并撒入泡沫球，让幼儿观察风扇转动后泡沫球的变化，探索物体经过摩擦后产生的静电现象，培养幼儿的观察力。

案例三：百变万花筒

l. 设计意图

根据光的折射原理，结合幼儿思维特点及对自然界的探索兴趣和欲望，教师设计了"百变万花筒"这一玩教具，意在潜移默化地向幼儿渗透光学知识，激发幼儿探究科学现象的动力。

视频：
百变万花筒的
制作

2. 物质准备

主要工具：剪刀、酒精胶。

主要材料：不织布、镜片、纸筒、铝环、铝片、玻璃球、卡纸和废旧纸盒。

3. 制作步骤（图3-31至图3-36）

图3-31

图3-32

图3-31   准备三个等大的长方形镜片、纸筒、铝环、铝片、玻璃球、卡纸等材料。

图3-32   先将三个等大的长方形镜片组装成一个三棱柱，再用卡纸包裹纸筒。

图3-33

图3-34

图3-33   将三棱柱放入纸筒，一端放进玻璃球，再用铝环封堵，另一端直接用铝片封堵，完成简易万花筒的制作。

图3-34   设计万花筒表面的装饰图案，用不织布剪裁各部分布片。

图3-35

图3-36

图3-35   将各部分布片用酒精胶粘贴在深蓝色的不织布上，完成装饰图案的制作。

图3-36   将装饰图案平均分成四段剪开，并将其围在万花筒表面，制成万花筒表面的拼图。运用卡纸和废旧纸盒制成包装盒，将万花筒收入其中。

4. 玩法应用

玩法一：美丽的图案（适合小班幼儿）

将万花筒对着有光的地方观看，同时不停转动，观察筒内图案的变化，可以提高幼儿的审美情趣，激发幼儿对美好事物的探索欲望。

玩法二：立体拼图（适合中班幼儿）

万花筒筒身设计为拼图，幼儿可以旋转拼图进行图形匹配，锻炼幼儿的逻辑思维能力。转动万花筒，仔细观察筒内图案，并用绘画的形式表达出来，可以培养幼儿的图案绘制能力和色彩表达能力。

三、优秀作品赏析

1. 动植物探究玩教具

"好吃的草莓"玩教具（图3-37）赏析：

"好吃的草莓"玩教具在设计和制作时采用了不织布材料，不织布的柔软特性符合草莓植株的质感，不织布鲜艳的色彩能够将草莓叶子和花果准确地表现出来。该玩教具的主要功能是让幼儿观察草莓生长、开花、结果的过程。制作过程中，草莓叶子、花果的剪裁、缝制是重点，形象要准确，比例要得当。因为每一个花果都是可拆卸的，所以要提前预留好魔术贴的位置，并将缝制针脚隐藏起来。

图片：
科学探究类玩教具欣赏

图3-37 好吃的草莓

"食物链"玩教具（图3-38）赏析：

"食物链"玩教具选用KT板、卡纸、海绵纸等作为制作材料。制作的重点是海洋生物的轮廓线和影子的轮廓线距离要相等。制作的难点是将所有海洋生物有序、美观地排列在背板上，考验制作者的整体构图能力。

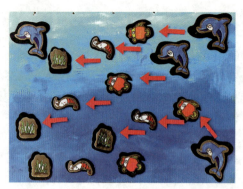

图3-38 食物链

2. 物理现象探究玩教具

"小帆船"玩教具（图3-39）赏析：

小帆船的制作采用了比较轻薄的彩色纸，有益于风吹动时帆船的移动。制作重点是分析帆船的重心位置，使帆船平衡、稳定。制作难点是船帆的弯曲弧度，要反复试验和调整，才能达到理想效果。

图3-39 小帆船

"旋转沙车"玩教具（图3-40）赏析：

旋转沙车是一件比较大型的玩教具，选用的材料有塑料勺、硬质泡沫板、铁棒、螺丝、木板等。制作重点是转盘上装沙子的三个塑料勺距离要相等，距中心的夹角是120°，中轴铁棒与底面木板保持水平。制作难点是支架的制作要运用专业的木工工具，支架一定要平衡、稳定，保证转盘能自由旋转。

图3-40 旋转沙车

实训任务

1. 根据案例"树叶骰子"的制作方法，自制一件适合小班幼儿的动植物探究玩教具。

2. 根据案例"百变万花筒"的制作方法，自制一件适合中班幼儿的物理现象探究玩教具。

3. 设计并制作一件适合大班幼儿的科学探究类玩教具，并能够根据玩教具的玩法设计一节游戏活动。

提示：游戏活动设计要包括游戏名称、游戏目标、玩教具准备、游戏过程、游戏小结等。以下为参考案例。

游戏名称	风力小汽车
游戏目标	1. 感知风的存在，了解空气流动形成风 2. 利用风力小汽车感受风的大小对小汽车移动速度的影响 3. 建立初步的科学意识
玩教具准备	1. 准备自制玩教具"风力小汽车"（图3-41、图3-42） 2. 准备记录表、彩笔、书、扇子、毛巾 图3-41　风力小汽车正视图　　图3-42　风力小汽车侧视图
游戏过程	1. 感知风的存在 师：（出示书、扇子、毛巾）请小朋友们想一想，我们怎样才能利用这些东西找到风娃娃呢？ 师：现在请小朋友来试一试，如何才能感觉到风呢？风藏在书、扇子、毛巾里，我感觉到风吹过来、刮过去 2. 让风力小汽车动起来 （1）人造风驾驶 在活动室内进行游戏，可提前设定行驶路线，多人进行比赛。幼儿可以选择制造风的工具（书、扇子、毛巾），在比赛过程中用制造出的风控制小汽车的行驶方向和速度，比一比看谁的风力小汽车率先完成规定路线（图3-43）

续表

	 图3-43　人造风驾驶 （2）自然风力驾驶 将风力小汽车拿到户外空旷的场地，找到有风的地方，以风为动力行驶小汽车。幼儿可以跟在后面记录小汽车行驶的路线，推测风的方向，感受小汽车行驶速度的快慢，理解风的大小对小汽车移动速度的影响 3. 使用记录表 教师分发自制的记录表，让幼儿记录对风力的科学探究过程，教会幼儿记录的方法，最后和同伴分享自己的记录成果（图3-44、图3-45）   图3-44　装订成册填写好的记录表　　图3-45　记录表粘贴在科学区进区处
游戏过程	
游戏小结	在游戏中，幼儿制造风时选择的不同材料、风力大小的控制，使得每一次游戏的结果都充满了未知，每一次游戏都是全新的探索。幼儿对风力小汽车玩教具一直保持着高度的热情。每次活动区开放都有幼儿自行组队进行游戏，在游戏过程中也锻炼了幼儿社会交往能力

第二节 数学认知类玩教具

⇨ 学习目标

1. 了解教学认知类玩教具及其价值。
2. 熟悉数学认知类玩教具的分类。
3. 掌握数学认知类玩教具的基本制作方法，并能够独立设计、制作数学认知类玩教具。
4. 能够将所制作的玩教具应用到幼儿园科学领域的游戏和教学活动中。

数学知识与我们的生活息息相关，但其本身非常抽象，具有很强的逻辑性，许多幼儿理解起来很困难。在数学认知活动中投放适宜的自制玩教具，能够帮助幼儿系统地学习数学知识。数学认知类玩教具是帮助幼儿归类、排序、判断、推理，逐步发展逻辑思维能力的玩教具。幼儿可以在操作玩教具的过程中认识数字、识别图形、建构空间、排列顺序，运用数学知识解决实际生活中的问题。数学认知类玩教具主要包括数字与图形玩教具、空间感知与排序玩教具。

一、数字与图形玩教具

幼儿的数学学习是从认识数字和图形开始的，教师可以根据幼儿不同年龄阶段的发展特点与需求，设计帮助幼儿理解抽象概念的数字与图形玩教具。数字与图形玩教具可以帮助幼儿认识生活中的数字，理解用数字作标识的事物，如电话号码、时钟、日历、商品价码等，从而体会数字的概念，学会简单的数字推理；还可以帮助幼儿认识图形的形状特征，按形状分类归置物品，如形状积木和图形配对等。

（一）数字与图形玩教具的分类

数字与图形玩教具按照其功能可以分为数字认知类玩教具、数字点数类玩教具、数字分合类玩教具、图形认知类玩教具、图形匹配类玩教具。其中数字认知类玩教具可细分为阿拉伯数字玩教具、中文大小写数字玩教具。图形认知类玩教具可细分为几何图形玩教具、不规则图形玩教具和具体形象玩教具。

（二）数字与图形玩教具的制作

数字与图形玩教具在设计理念上应符合幼儿数学概念学习与发展的水平及兴趣，将枯燥的数字趣味化，让抽象的图形简洁化；在材料的选择上要尽量丰富，多选用环保材料和可循环再利用的材料；在制作过程中要遵循数字书写的规范和图形裁剪的精确，体现科学探究的趣味性和严谨性。数字与图形玩教具具体操作步骤如下：

（1）根据设计意图绘制图稿。
（2）准备工具和材料，选用不织布、彩泥等易于操作的材料。
（3）根据绘制的图稿将所选材料进行剪裁、缝制或捏塑，完成玩教具整体造型。
（4）完善玩教具细节部分，再进行整体调整。

（三）数字与图形玩教具的应用

数字与图形玩教具可以应用于教学活动、游戏活动和区域活动。在教学活动中，教师可以通过数字点数、数字拆分和图形分类等，帮助幼儿理解数的概念，学习几何知识及形体的构成知识，如数构成教具、计数和运算教具；在区域活动中，教师可以提供各类的图形供幼儿匹配、归类、组合和叠加，满足幼儿个体发展的需要，如图形玩具、套叠玩具和镶嵌玩具；在游戏活动中，教师可以投放低结构的数形玩教具及测量玩教具，让幼儿自主操作，体验游戏活动的乐趣，培养幼儿的创造力和想象力。

 案例

案例一：多功能时钟

1. 设计意图

时钟在我们生活中很常见，以多功能时钟为题材设计的玩教具一直深受中大班幼儿的喜爱。教师设计多功能时钟玩教具时，要从幼儿的认知水平出发，让幼儿通过时针、分针的操作，理解整点和半点，学习一些表示时间的词语，建立时间观念。

2. 物质准备

主要工具：剪刀、针、铅笔、酒精胶。

主要材料：图画纸、不织布、魔术贴、手缝线、废旧纸壳。

3. 制作步骤（图 3-46 至图 3-51）

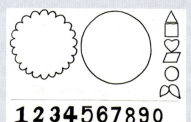

图3-46

图3-47

图3-46　用铅笔在图画纸上绘制样稿。

图3-47　依样稿进行剪裁，用酒精胶将数字粘贴在各种几何图形上，最后在几何图形的背面缝上魔术贴。

图3-48

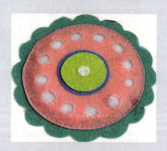

图3-49

图3-48　将剪好的蓝、黄色圆盘用酒精胶黏合，在表面中心位置缝上魔术贴，完成钟盘中心的制作。

图3-49　先将钟盘中心粘贴在圆形的粉色不织布上，再与底面花边形的绿色不织布进行缝合，缝合时可在中间夹层放入纸壳，确保钟盘坚挺，最后在粉色圆盘上缝12个魔术贴，完成钟盘的制作。

图3-50

图3-51

图3-50　采用缝制的方法制作分针和时针，固定在钟盘的中心，确保指针可以转动。

图3-51　将数字摆放在钟盘上，完成"多功能时钟"的制作。

4. 玩法应用

玩法一：认一认，排一排（适合中班幼儿）

认识钟盘上的数字、形状和颜色，让幼儿建构数和形的概念，将数字1—12进行排序，让幼儿理解数与数之间的关系，描述排列顺序与位置关系。

玩法二：数一数，转一转（适合大班幼儿）

钟盘上的图形可以拆卸下来进行点数、图形分类、颜色匹配等练习，培养幼儿的动手能力和逻辑思维能力。转动指针，通过指针指向进行整点和半点的时间认知练习，帮助幼儿建立时间概念，养成合理规划时间的习惯，如起床、去幼儿园、锻炼等时间规划。

案例二：小花猫钓鱼

1. 设计意图

幼儿都非常熟悉《小花猫钓鱼》这个故事，根据幼儿熟悉的故事内容设计玩教具，不仅让幼儿更深刻地记忆故事内容，还满足了幼儿学习数量、图形等数学知识的需要。幼儿在钓鱼游戏中可以认识不同颜色和形状的小鱼，并进行点数和分类，锻炼幼儿的手眼协调能力，丰富幼儿的图形认知和数字点数经验，从而促进幼儿逻辑思维和形象思维的发展。

2. 物质准备

主要工具：剪刀、双面胶、酒精胶。

主要材料：纸箱、纸杯、海绵纸、小块磁铁、筷子、尼龙绳。

3. 制作步骤（图3-52至图3-55）

图3-52

图3-53

图3-52 取一个纸箱，用蓝色的海绵纸裱糊纸箱并在纸箱的表面设计图
案和文字，完成池塘的制作。

图3-53 用酒精胶将红、黄、蓝三种颜色的海绵纸分别裱糊在3个纸杯
上，可用加花边的方法进行装饰，再制作3只小鱼粘贴在纸杯
上，完成钓鱼桶的制作。

图3-54

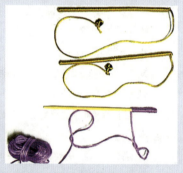

图3-55

图3-54 用海绵纸剪出小鱼的身体，每只小鱼需要剪两片相同形状的鱼
身并在中间夹层放入磁铁块，用双面胶固定。

图3-55 先用彩色尼龙绳缠绕筷子，再在绳的末端系牢磁铁块，完成钓
鱼竿的制作。

4. 玩法应用

玩法一：小鱼归归类（适合中班幼儿）

将钓上来的小鱼按照形状、颜色分类，分别放置于对应的钓鱼桶里，可
以锻炼幼儿识别颜色、分类归纳的能力。

玩法二：小鱼多又多（适合大班幼儿）

以小组比赛的形式进行游戏。幼儿手握鱼竿，将系有磁块的一端靠近小

鱼，利用磁块异极相吸的原理将小鱼钓上来，数一数，加一加，看哪一组钓上来的小鱼最多，可以锻炼幼儿的眼、脑、手协调能力。

案例三：趣味橡皮筋

1. 设计意图

视频：
趣味橡皮筋的
制作

趣味橡皮筋玩教具可以加深幼儿对形状的认识，发展幼儿的想象力、创造力，主要应用于科学区域活动。幼儿在操作玩教具的过程中认识图形、拼摆图形，还可以自由地对形状进行叠加、组合，观察自制玩教具中蕴含的形状和数量的关系，锻炼幼儿形象思维能力和空间思维能力。

2. 物质准备

主要工具：剪刀、双面胶、笔、直尺、圆规、图钉。

主要材料：软木板、不织布、卡纸、橡皮筋。

3. 制作步骤（图3-56至图3-61）

图3-56

图3-57

图3-56 借助直尺、圆规等工具将不织布裁剪成长方形、三角形和圆形的布块。

图3-57 用双面胶将长方形、三角形的布块粘贴在软木板上。

图3-58

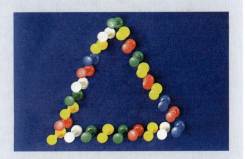

图3-59

图3-58   借助尺子、圆规等工具在布块上分别画出长方形、圆形、三角
         形和平行四边形，再将图钉沿着画好的轮廓线进行有规律的
         按压。

图3-59   用图钉按压后的三角形造型。

图3-60

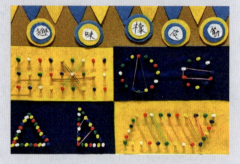
图3-61

图3-60   先在卡纸上写好玩教具的名称，再粘贴在圆形的不织布上，最
         后用双面胶粘在软木板上进行装饰。

图3-61   将橡皮筋套在图钉上拼摆各种几何造型，完成玩教具的制作。

4. 玩法应用

玩法一：初识图形（适合中班幼儿）

认识几何图形的主要特征。教师出示三角形、正方形等几何图形，幼儿用橡皮筋拼摆，并说出它们的名称及主要特征，有益于培养幼儿的形象思维能力。

玩法二：拼摆图形（适合中班幼儿）

用橡皮筋自由拼摆，鼓励每个幼儿自由创作（或几个幼儿合作创作），引导幼儿说出自己作品中使用橡皮筋的颜色、数量及拼摆出的形状，在游戏中提高幼儿的创造能力。

玩法三：寻找图形（适合大班幼儿）

将橡皮筋拼摆的图形进行叠加、组合，让幼儿从中找出有几个三角形、几个正方形等，并让幼儿在游戏中细心观察并记录，从多方面激发幼儿探究图形的兴趣，学会记录，初步养成良好的科学研究习惯。

二、空间感知与排序玩教具

幼儿喜欢观察一些形状各异的物体，通过物体的比对，感知物体的空间和体积，有时还会拿着物体进行排列、套叠。自制空间感知与排序玩教具，可以帮助幼儿进一步了解物体的形体特征，引导幼儿尝试有规律的排序，发展逻辑思维，

建立良好的空间感、秩序感和推理能力。空间感知玩教具是帮助幼儿理解物体长度、宽度、高度和体积大小等属性的玩教具，如套叠筒、套盒、套娃等；排序游戏玩教具是引导幼儿按照一定的规律进行顺序排列的玩教具，如序列串串、趣味拼图等。

（一）空间感知与排序玩教具的分类

空间感知与排序玩教具种类繁多，可以分为面积感知玩教具、体积感知玩教具和规律探索玩教具。其中面积感知玩教具可分为几何图形感知玩教具、形象图形感知玩教具；体积感知玩教具可分为单一几何形体感知玩教具和组合几何形体感知玩教具；规律探索玩教具可分为大小渐变规律排序玩教具、外部特征规律排序玩教具和按既定规律排序玩教具。

（二）空间感知与排序玩教具的制作

首先要从分析材料特性、定位玩教具功能、设计整体造型这三个方面进行构思；其次要在绘制的草稿上准确标注玩教具的尺寸、比例、颜色等，针对较大型的自制玩教具最好要有详细的制作方案；最后遵循"一物多玩"的原则设计玩教具的玩法。空间感知与排序玩教具具体操作步骤如下：

（1）确定玩教具主题，绘制图稿。

（2）准备工具和材料，在材料的选择上要尽量丰富。

（3）根据绘制的图稿将所选材料进行剪裁、粘贴和组合，完成玩教具整体造型。

（4）整体调整，完善细节，注意形状的裁剪和拼接要尽量减少误差。

（三）空间感知与排序玩教具的应用

空间感知与排序玩教具主要应用在数学教学活动和益智区域活动。在数学教学活动中，教师可以利用一些方便演示的几何形状或形体教具帮助幼儿直观地感受体积与空间的关系；在益智区域活动中，教师可以投放拼图玩具、套叠玩具、排序玩具，引导幼儿自主游戏，感受形状和形体之间的联系，比较物体的大小，以及按某种特征或一定的规律进行顺序排列。

 案例

案例一：趣味拼图

I. 设计意图

拼图的特点是将散乱的图画碎片拼接成完整的画面。设计"趣味拼图"时首先要考虑图案的选择，可以是幼儿喜欢的卡通人物形象，也可以是幼儿日常生活中常见的情景图案。拼图的图画碎片数量及形状的复杂程度，要符合幼儿的年龄特点。

2. 物质准备

主要工具：铅笔、橡皮、剪刀、针、酒精胶。

主要材料：不织布、手缝线、卡纸。

3. 制作步骤（图3-62至图3-67）

图3-62

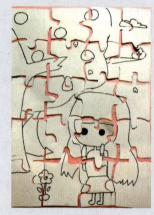

图3-63

图3-62   选用卡纸绘制图样。卡纸质地硬挺，放在两块不织布中间可以
          使其制作的拼图更加牢固、耐用。

图3-63   将卡纸绘制的图样分割成若干个拼图碎片。

图3-64

图3-65

图3-64   选择各种颜色的不织布，依拼图碎片的形状进行剪裁。

图3-65   一个拼图碎片需要两片相同形状、相同颜色的不织布布片，将
          卡纸拼图碎片放在两片不织布布片中间，四周缝合。

图3-66

图3-67

图3-66　用酒精胶在四周缝合好的拼图碎片表面粘贴图案。

图3-67　以同样的方法先完成所有拼图碎片的制作，再制作拼图背板，最后将拼图碎片摆放在背板上，完成玩教具制作。

4. 玩法应用

玩法一：颜色分分类（适合中班幼儿）

将相同颜色的拼图进行归类，如将带有绿色的拼图放在一起。幼儿在游戏过程中不仅锻炼了色彩认知能力，也为下一步组合拼图奠定基础。

玩法二：数字排序摆拼图（适合中班幼儿）

在拼图块背面和对应的拼图板表面按照由上到下的顺序贴上不同颜色的数字。幼儿可以根据数字的顺序拼摆图形，这种玩法不仅降低了游戏的难度，而且使幼儿在拼摆拼图的过程中认识了数字。

玩法三：拼图比赛（适合大班幼儿）

幼儿分组合作进行拼图比赛。教师给出拼图线索，幼儿依据线索完成拼图画面的拼摆，如教师给出图案线索，各比赛小组以最快的速度拼出图案。

案例二：多变的项链

1. 设计意图

串珠是锻炼幼儿精细动作最有效的方法之一，"多变的项链"是以串珠方式设计的玩教具。教师可利用不同材质制作不同形状、不同类别的"珠子"，让幼儿按照形状、多少、类别等规律进行排序后再串联"珠子"，可以培养幼儿的排序能力、推理能力和逻辑思维能力。

2. 物质准备

主要工具：泥塑刀、剪刀、针。

主要材料：超轻黏土、不织布、纽扣、手缝线、尼龙绳。

3. 制作步骤（图3-68 至图3-73）

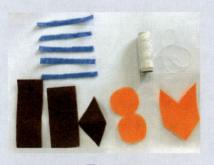

图3-68

图3-69

图3-68　准备彩色不织布，裁剪成方形、圆形、三角形和平行四边形，

再剪裁一些细条用来制作挂绳。注意每个形状最好裁剪两片，确保制作的"串珠"硬挺、耐用。

图3-69   先将两片相同形状的不织布对齐，用针线沿图形周边进行缝合，再在图形的一端缝上挂绳，完成"几何形状串珠"的制作。

图3-70   图3-71

图3-70   将纽扣按照由少到多的顺序用线进行连接，中间留出孔洞，完成"纽扣串珠"的制作；用超轻黏土捏塑成各种小动物的造型并安上挂绳，完成"动物串珠"的制作。

图3-71   将制作好的"几何形状串珠""纽扣串珠""动物串珠"摆放整齐备用。

图3-72   图3-73

图3-72   用尼龙绳将"几何图形串珠"串联，制作成项链。

图3-73   用尼龙绳将"动物串珠"串联，制作成项链。

4. 玩法应用

玩法一：排序串珠（适合中班幼儿）

根据形状的对比进行排序串珠，如圆形+三角形+圆形+三角形……可以使幼儿初步认识规律排序。根据纽扣的个数进行排序串珠，可以使幼儿认知数量的多与少。

玩法二：动物项链（适合大班幼儿）

根据小动物的类别进行排序串珠，可以帮助幼儿认识不同种类的动物。

大班幼儿可以选用超轻黏土，按照动物类别自制"动物串珠"，再串成项链，既可以培养幼儿的造型能力和动手能力，又能用项链进行装饰。

案例三：多功能套叠筒

I. 设计意图

套叠玩教具是一组形状相同但大小有一定的比例关系的玩教具，能够帮助幼儿感知大小的变化，理解空间概念。利用生活中的废旧筒状材料制作的"多功能套叠筒"，可以引导幼儿比较物体的大小，以及按大小排序，培养幼儿的空间思维能力和收纳整理能力。

视频：
多功能套叠筒
的制作

2. 物质准备

主要工具：铅笔、橡皮、剪刀、针、酒精胶等。

主要材料：素描纸、不织布、缎带、废旧塑料瓶、手缝线、尼龙绳等。

3. 制作步骤（图3-74 至图 3-81）

图3-74

图3-75

图3-74　准备3个大小不一的废旧塑料瓶，用它们裁剪出圆柱体，做成大、中、小3个圆筒。

图3-75　用铅笔在素描纸上绘制装饰圆筒的图案样稿。

图3-76

小号套叠筒

图3-77

图3-76　把样稿逐一放在选好颜色的不织布上进行裁剪、粘贴，完成图
　　　　 形元件的制作。

图3-77　先将粉色不织布裁剪成窄条后围在小号圆筒上，再把制作好的
　　　　 图形元件按照相似形分类（如礼物盒、窗户、电视机等为长方
　　　　 形一类），排成一行，用酒精胶贴在粉色圆筒上，完成小号套
　　　　 叠筒的制作。

中号套叠筒

大号套叠筒

图3-78

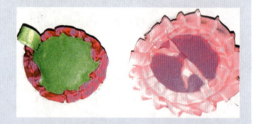

图3-79

图3-78　按照水果、动物、服饰等类别进行分类，排成一行，分别粘贴
　　　　 在蓝色中号圆筒上，完成中号套叠筒的制作。用不织布制作一
　　　　 张完整的贴画，再将贴画裁剪成窄条粘贴成圆环，套在大号圆
　　　　 筒表面，完成大号套叠筒的制作。

图3-79　用不织布制作套叠筒的筒盖，用缎带缝制花边进行装饰。

图3-80

图3-81

图3-80　用剪刀在大号套叠筒的边缘戳出一个小洞，用尼龙绳将筒盖和
　　　　 筒身连接。

图3-81　按照套叠筒的大小顺序进行套叠收纳，完成多功能套叠筒的
　　　　 制作。

4. 玩法应用

玩法一：看谁收得快（适合小班幼儿）

幼儿将小、中、大圆筒套叠后盖上盖子，进行套叠收纳游戏，培养幼儿从空间上认识物体的大小，养成良好的收纳习惯。

玩法二：旋转拼图（适合中班幼儿）

小号套叠筒筒身是图形类拼图，中号套叠筒筒身是认知类拼图，大号套叠筒筒身是图画类拼图，幼儿可以旋转拼图进行物品归类、图形归类等游戏，锻炼幼儿的逻辑思维能力。

三、优秀作品赏析

1. 数字与图形玩教具

"小锁匠"玩教具（图3-82至图3-84）赏析：

"小锁匠"玩教具在制作时选用不织布、硬纸板等材料。制作的重点是钥匙齿纹和锁的齿纹要一一对应且吻合。制作的难点是要考虑儿童对数字和图形的认知能力，充分提供玩法线索，帮助幼儿通过观察齿纹图形，解决开锁问题。如每把锁的背面有不同的图形、不同的数量，幼儿可以在玩的同时认识图形并按照图形数量选择合适的钥匙开锁。

图片：
数学认知类玩
教具欣赏

图3-82 "小锁匠"玩具正面　　图3-83 "小锁匠"玩具背面　　图3-84 钥匙

"兔子博士"玩教具（图3-85）赏析：

"兔子博士"玩教具选用了幼儿喜爱的小兔子形象，采用不织布和颗粒棉材料，既安全又耐用。该玩教具的主要功能是让幼儿学会认识数字及练习数字的分合，因此，每一个数字的背面都粘有魔术贴，可以自由拆卸。制作的难点在于兔子形象的设计，既要符合幼儿的审美又要留出粘贴数字的空间，因此在形象上进行了大胆的设计。制作的重点在于要留好魔术贴的位置，并将缝制针脚隐藏起来。

图3-85　兔子博士

"海洋生物挂钟"玩教具（图3-86）赏析：

"海洋生物挂钟"玩教具的制作灵感来源于多彩的海底世界，利用生日蛋糕底盘为背板，选用不织布、颗粒棉等材料，遵循安全、实用、环保的制作原则。制作的重点是各种海洋生物形象的设计和颜色的搭配，既要归纳成几何形状又要不失形象特征。制作的难点是比较考验制作者的绘画能力和色彩搭配能力。

图3-86　海洋生物挂钟

2. 空间感知与排序玩教具

"立体拼图"玩教具（图3-87、图3-88）赏析：

这两个玩教具的创作原型来自幼儿喜欢的小动物，在形象的设计上采用了夸张的手法，符合幼儿的审美；选择布艺材料缝制，使玩教具安全耐用。这两个玩教具色彩鲜艳，质地柔软，玩法多样。制作的难点是每一块正方体的六个面图案要符合规律，使拼图拼到一起后所有面是一一对应的，便于幼儿探究。制作的重点是平面图案的缝制手法，比较考验学习者的手工技能。

图3-87 立体拼图——老虎

图3-88 立体拼图——螃蟹

"花式套叠筒"玩教具（图3-89）赏析：

"花式套叠筒"玩教具的制作材料选用的是天然竹筒，也可以用类似形状的材料代替，如羽毛球包装筒、保鲜膜内芯、卫生纸内芯等圆柱体，体积大小要有渐变规律，便于幼儿进行比较。制作的重点是程序讲究先后，一定先画图案再切割分段，如果反过来则图案很难拼接到一起。制作的难点是制作工艺，切割时要选择优质的工具，避免竹筒劈裂，否则既影响图案的美观，也存在安全隐患。切割后要用砂纸打磨边缘，保证旋转自如。

图3-89 花式套叠筒

 实训任务

1. 根据案例"多功能时钟"的制作方法，自制一件适合小班幼儿的数字与图形玩教具。

2. 根据案例"多功能套叠筒"的制作方法，自制一件适合中班幼儿的空间感知与排序玩教具。

3. 设计并制作一件适合大班幼儿的数学认知类玩教具，并能够根据玩教具的玩法设计一节游戏活动。

提示：游戏活动设计要包括游戏名称、游戏目标、玩教具准备、游戏过程、游戏小结等。以下是参考案例。

游戏名称	趣味立体拼图
游戏目标	1. 识别平面图案，并进行拼摆 2. 了解正方体，通过正方体的搭建增强空间意识 3. 探究立体拼图的组合规律，体验多种玩法
玩教具准备	1. 准备自制玩教具"趣味立体拼图"（图3-90、图3-91） 2. 准备完整的拼图图案、计时器  图3-90　玩教具平面图  图3-91　玩教具立体图
游戏过程	1. 认识平面图案 （教师出示拼图的完整图案） 师：小朋友，老师手里出示的这些图案大家都认识吗?（椰子树、小熊、小鸭子等）

续表

游戏过程	（教师出示拼图碎片，让幼儿和原图进行对比，说说有什么不同） 师：现在老师将顺序打乱，请小朋友来拼一拼（幼儿自由拼摆） 师：有谁能说一说在拼拼图时用到了哪些方法？（鼓励幼儿自主探究，如按颜色归类、看图形归类等） 2．开展拼图游戏 （1）平面拼图游戏 幼儿分成两组，每组轮流出一名队员参加拼图比赛。教师随机抽取拼图的完整图案，幼儿从八块拼图中寻找正确的拼图碎片，将图案拼接完整。用时最短的一队获胜 （2）立体拼图游戏 找八名幼儿，每名幼儿拿一小块正方体，进行立体拼图的搭建，搭建过程中要保证大正方体的六面图案完整
游戏小结	在游戏过程中，通过平面图形的拼摆，幼儿探索出拼拼图的规律，如颜色归类法、图形归类法等，自主探究能力得到有效提升。通过立体拼图的拼摆，幼儿初步建立空间感和方位感。另外，在游戏的过程中，幼儿能够自由组队、相互协作，共同完成游戏任务，社会交往能力得到进一步发展

第四章　艺术领域玩教具制作

学习指导

通过学习本章内容，你可以理解艺术领域玩教具的分类，熟悉艺术领域玩教具的制作方法，进而能够设计与制作符合幼儿年龄特点的艺术领域玩教具。

制作艺术领域玩教具时应遵循艺术领域教育教学规律，充分考虑幼儿的年龄特点，玩教具要具有艺术美感，所传达的领域知识要准确，设计的玩法要着重培养幼儿的艺术审美及创造思维。制作美术教育活动类玩教具时应多进行实践操作，熟悉各种绘画材料和手工材料的特性，为幼儿提供安全、适宜的玩教具。制作音乐教育活动类玩教具时应考虑师幼互动、多人合作，提高幼儿的艺术表现能力。

　　艺术是人类感受美、表现美和创造美的重要形式，也是人类表达自己对周围世界的认知和情绪态度的独特方式。幼儿艺术领域学习的关键在于充分创造条件和机会，在大自然和社会文化生活中萌发幼儿对美的感受和体验，丰富其想象力和创造力，引导幼儿学会用心灵去感受美和发现美，用自己的方式表现美和创造美。艺术领域玩教具主要是配合美术教育活动和音乐教育活动的开展而设计、制作的玩教具。教师可以根据艺术领域教学的需要和幼儿发展的需求，收集各种材料进行分类、设计、加工、重组，制作成适合幼儿使用的玩教具，以达到丰富艺术教学手段，创设良好艺术教育环境的目的。本章从美术教育活动类玩教具和音乐教育活动类玩教具两个部分进行阐述。

第一节　美术教育活动类玩教具

学习目标

　　1. 了解美术教育活动类玩教具及其教育价值。
　　2. 熟悉美术教育活动类玩教具的分类。
　　3. 掌握美术教育活动类玩教具的基本制作方法，能够独立设计、制作美术教育活动类玩教具。
　　4. 能够将制作的玩教具应用到幼儿园美术游戏与教学活动中。
　　5. 开发丰富的美术操作材料供幼儿进行绘画活动、手工活动。

　　幼儿园美术教育活动是实施美育的主要途径，幼儿借助绘画材料、手工材料和艺术欣赏作品表达对周围事物的感受和认知，抒发内心的情感，提升审美能力。美术教育活动类玩教具主要包括辅助美术教学的教具和美工区域的操作玩具，教师通过制作玩教具，可以将美术教学内容进行整合，合理设计绘画教具和手工操作材料，统筹和布置幼儿制作的艺术作品，创设幼儿园艺术环境。美术教育活动类玩教具主要包括美术欣赏活动玩教具和美术操作活动玩教具。

一、美术欣赏活动玩教具

　　美术欣赏活动玩教具是教师在进行欣赏、评述教学时所用到的教具、玩具，以传统手工制作的艺术作品和观赏模型为主，通常给人带来很强的视觉感受和审美愉悦，具有一定的认知和教育作用。幼儿在欣赏、评述过程中对材料有了充分的了解，关注艺术作品的色彩、形状、形态等特征，有参与的愿望，愿意与别人分享、交流自己喜爱的艺术作品以及美感体验。美术欣赏活动玩教具使幼儿能够了解美术表现的多样性，教师有意地运用美术语言，选择恰当的工具与材料，探索不同的制作方法，可以促进教师与幼儿的有效互动。

（一）美术欣赏活动玩教具的分类

美术欣赏活动玩教具从教育功能角度可以划分为传统工艺作品类玩教具、观赏模型类玩教具和绘画认知类玩教具。传统工艺作品类玩教具以天然材料为主，就地取材，以传统的手工方式制作，带有浓郁的地方特色和民族风格，如脸谱、皮影、蜡染、剪纸、藤编、木偶等。观赏模型类玩教具是以废旧生活材料、美工材料为主，依据相似性原则、等比例缩小原则制作的实物模型，有一定的观赏价值，如服饰模型、建筑模型、生活用具模型等。绘画认知类玩教具是根据美术教学需要自制的材料册、作品册，材料以纸、布为主，采用册页的表现形式，展现绘画种类、绘画技法及大师艺术作品等，如自制画册、材料册、绘制体验册、名家名作册等。

（二）美术欣赏活动玩教具的制作

美术欣赏活动玩教具在设计理念上不仅注重玩教具自身的安全性和美观性，还要以发展幼儿的审美能力为首要目标；材料的选择要多样化，在美术欣赏活动过程中最大限度地激发幼儿的创造力和想象力；在制作过程中，教师要考虑自制玩教具的整体性，要有计划、有步骤地完成。美术欣赏活动玩教具具体操作步骤如下：

（1）制订欣赏活动主题，根据主题搜集相关的图片资料。

（2）根据图片资料，进行创意设计，绘制玩教具效果草图。

（3）准备工具和材料，根据设计意图对材料进行清洗、上色、切割等处理工作后备用。

（4）根据玩教具效果草图，组合、连接材料，最后加以装饰。

（5）引导幼儿积极参与玩教具制作过程，充分激发幼儿的想象力和创造力。

（三）美术欣赏活动玩教具的应用

美术欣赏活动玩教具主要应用于美术教学活动和区域活动。在美术教学活动中，教师可以用传统工艺品类玩教具辅助教学，引导幼儿欣赏传统艺术使幼儿萌生动手动脑大胆创作的愿望。在绘画教学中，教师可以用绘画认知类玩教具辅助教学，通过欣赏、体验、分享、表达等活动方式，使幼儿内化知识，形成初步的审美心理结构。例如，"中外大师人物画欣赏册"是教师根据教学内容自制的名家名作系列图册之一，教师根据自身的教学经验，选取具有代表性的中外人物画大师的艺术作品图片进行彩印、塑封，粘贴在自制的图册上，并用精美的手绘插图、彩色胶带、贴纸、印章等来装饰，还添加了作者介绍、创作背景、绘画风格等资料，丰富幼儿的美术知识。在区域活动中，幼儿通过对观赏模型类玩教具的欣赏，了解器物的结构特征和造型美感，探索花纹图案、色彩肌理等美术语言，体会美术与环境及传统文化的关系。

 案例

案例一：农家院

I. 设计意图

幼儿喜欢大自然，喜欢田园生活，尤其是生活在城市的幼儿，基于幼儿的兴趣，教师设计了"农家院"玩教具，通过欣赏、体验、表达等活动，使幼儿了解农村院落，知道常见的农作物和家禽。"农家院"玩教具属于观赏模型类玩教具，教师将农家院的生活场景以手工制作的方式进行浓缩，运用到美术教学中，丰富了艺术教学手段，创设了适宜的美术教育环境。

2. 物质准备

主要工具：剪刀、美工刀、铅笔、胶枪、热熔胶棒、针等。

主要材料：聚酯纤维板、厚卡纸、不织布、干麦穗、木筷子、雪糕棒、蛋壳、石子、废旧纸壳、泡沫板、酸奶瓶、塑料绿植、麻绳、碎花布、颗粒棉、超轻黏土、纽扣、魔术贴、丙烯颜料、手缝线等。

3. 制作步骤（图4-1至图4-8）

图4-1

图4-2

图4-1　选取干麦穗和麦秆，采用捆扎的方法制作"粮仓"。注意：需用废旧纸壳围成圆柱体和锥体，并粘贴、组合，作为"粮仓"的内部支架，保证"粮仓"的牢固。

图4-2　先用纸壳制作"小木屋"的内部框架，再用热熔胶将裁切好的木筷子整齐地粘贴到纸壳表面，最后用碎花布装饰门窗，完成"小木屋"的制作。

图4-3

图4-4

图4-5

图4-3   将蛋壳清洗后晾干，采用厚卡纸做底板，用热熔胶将蛋壳和石
        子粘贴在厚卡纸上，制作"小路"。

图4-4   选取泡沫板、木筷子，用切割、捆扎的方法制作"石磨"，最后
        用丙烯颜料平涂上颜色。

图4-5   选取不织布，用缝制的方法制作"小鱼"；再用排列、粘贴的方
        法将木筷子段粘在蓝色不织布底板上，制作"池塘"；最后用假
        山石、贝壳进行装饰。

图4-6   图4-7

图4-6   选取竹签，用裁切、粘贴的方法制作"水井"和"水桶"（水井
        与水桶内部要用纸壳或厚卡纸做底板和内部支撑物）；选取超轻
        黏土，用捏塑的方法制作"农夫"；选取麻绳，用编结的方法制
        作"篮子"；最后选取不织布，用剪裁、缝制、粘贴、填充颗粒
        棉的方法制作"蔬菜"和"土地"。

图4-7   选取麦秆制作"院门"，选取雪糕棒、麻绳制作"栅栏"，选取
        不织布制作"小狗"，最后用红灯笼进行装饰。

图4-8

图4-8 把制作好的各部分模型粘贴在一块大的聚酯纤维底板上，用塑料绿植进行点缀；再用酸奶盒制作"水桶"排列在院墙前，用不织布、纽扣和魔术贴制作"家禽"和"向日葵"；最后进行整体布置和装饰，完成玩教具制作。

4. 玩法应用

玩法一：农家院场景欣赏（适合小班幼儿）

教师带领幼儿欣赏农家院的场景，欣赏手工制作的"小木屋""粮仓""石磨""水井"等模型，引导幼儿说出农家院中的植物、家禽的名称和种类，分析制作材料，说出自己对美的感受。幼儿通过欣赏"农家院"活动，不仅了解了农村的生活方式和常见的动植物，而且，陶冶了艺术情操，丰富了艺术经验。

玩法二：蔬菜采摘（适合中班幼儿）

在"蔬菜地"里，幼儿可以模仿"农夫"进行蔬菜采摘游戏，并按物点数，摘一棵数一棵，锻炼幼儿的数物对应能力和点数能力，培养幼儿的数学学习兴趣。"蔬菜"和"向日葵"设计了幼儿操作部分，配有魔术贴和纽扣，幼儿可以进行拆卸和组装游戏，增强幼儿的动手能力。

玩法三：钓鱼与家禽喂养（适合大班幼儿）

在"池塘"里，幼儿可以开展钓鱼游戏。教师引导幼儿动手操作，不仅使幼儿了解了磁力的作用，也体验到钓鱼的快乐。在"鸡栏"里，幼儿可以开展喂鸡、捡鸡蛋等游戏，使幼儿了解喂养鸡的常识，感受田园生活的美好。

案例二：京剧脸谱

I. 设计意图

京剧脸谱是我国优秀的传统文化，手绘脸谱也是传统工艺。运用纸浆泥装饰脸谱是将传统文化与传统工艺有机融合。考虑到幼儿的审美情趣，教师设计了京剧脸谱玩教具，可供幼儿欣赏；也可以师幼共同制作，锻炼幼儿的动手制作能力，提升幼儿的颜色和形象感知能力，促进幼儿审美意识的提升。

视频：
京剧脸谱的制作

2. 物质准备

主要工具：铅笔、橡皮、镊子、盘子、毛笔、木棒、白胶等。

主要材料：脸谱模具、水粉颜料、卫生纸、水、矿泉水瓶。

3. 制作步骤（图4-9至图4-14）

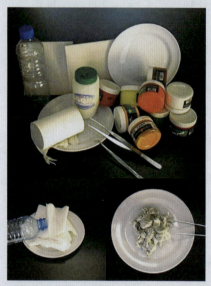

图4-9

图4-10

图4-9   准备好工具和材料，先将卫生纸撕碎放到盘子里，再加入少量的水，直到卫生纸变成纸浆泥，最后放适量的白胶，搅拌成糊状。

图4-10   先沿中间部位剪开矿泉水瓶做容器，把搅拌好的纸浆泥分别放入容器中，再用不同色彩的水粉颜料进行调和，用木棒搅拌均匀。

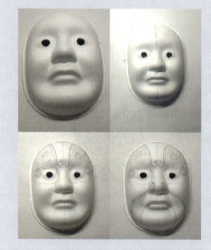

图4-11

图4-12

图4-11   在脸谱模具上用铅笔绘制脸谱图案，注意左右要对称。

图4-12　根据脸谱色彩，用镊子夹起纸浆泥放在对应的图案上，进行细
　　　　微调整、按压，使纸浆泥与脸谱模具图案吻合。

图4-13

图4-14

图4-13　用毛笔蘸颜色进行调整，把需要补色的地方补上颜色。

图4-14　京剧脸谱制作完成。

4. 玩法应用

玩法一：欣赏京剧脸谱（适合小班幼儿）

欣赏京剧脸谱的图案、色彩，引导幼儿说出自己的感受，帮助幼儿了解传统京剧脸谱文化，培养爱国情感。

玩法二：我也会做纸浆脸谱（适合大班幼儿）

幼儿在教师的指导下制作纸浆泥，同时还可以进行颜色认知练习，培养幼儿的审美意识。教师和幼儿用纸浆泥共同完成脸谱绘制，培养幼儿的形象思维能力，促进精细动作的发展。

二、美术操作活动玩教具

幼儿在操作中体验美术活动的乐趣，进而获得审美感知和审美创作能力；幼儿在操作中可以进行多感官的协调活动，从而创作出表达自己情感的美术作品。因此，教师在美术教育活动中，要尽可能地提供美术操作活动玩教具，培养幼儿的美术爱好和兴趣。教师根据美术教学及游戏需要给幼儿提供可进行操作活动的工具及材料，这些工具和材料是教师经过选择、设计、制作、加工再次投放到美术活动中的用具和媒材，以支持幼儿的艺术表现与创造，提升幼儿的美术能力，促进幼儿创新思维的发展。

（一）美术操作活动玩教具的分类

美术操作活动玩教具的种类很多，根据不同的分类方法，有不同的种类。根据活动形态的不同，美术操作活动玩教具分为绘画活动玩教具、手工活动玩教

具和拓印活动玩教具。其中，绘画活动玩教具又分为普通绘画玩教具和创意绘画玩教具；手工活动玩教具又分为纸工玩教具、泥工玩教具和手工编织玩教具；拓印活动玩教具又分为自然物拓印玩教具和图章印制玩教具。根据材料类别，美术操作活动玩教具可分为废旧生活材料玩教具和天然材料玩教具。根据表现手段，美术操作活动玩教具又可分为造型自制玩教具，色彩自制玩教具和构图自制玩教具等。

（二）美术操作活动玩教具的制作

在设计时，教师可以运用逆向思维法、材料功能挖掘法和造型组合再生法进行创意构思。在制作前，教师要先绘制草图，最好在草图上标明玩教具的尺寸、比例、色彩和所需材料。选材时，必须要了解材料的特性，只有合理地选择材料，才能制作出优秀的玩教具。美术操作活动玩教具具体操作步骤如下：

（1）确定主题，搜集和主题相关的图片资料。

（2）准备工具和材料，在材料的选择上要尽量丰富。

（3）进行构思与设计，绘制图稿。

（4）玩教具制作以教师为主导，尽量引导幼儿参与，充分调动幼儿的主动性和积极性。

（5）装裱作品，进行展示。

（三）美术操作活动玩教具的应用

美术操作活动玩教具主要应用于美术教学活动、游戏活动和区域活动。在美术教学活动中，教师可以利用玩教具帮助幼儿获取美术知识，形成设计意识，积累操作经验，提高美术技能。在游戏活动中，教师通过设计玩教具的玩法，引导幼儿主动探究美术材料的特性，探索色彩的奥秘，提高色彩感知能力和动手操作能力。在区域活动中，教师投放制作美术操作活动玩教具的工具和材料，幼儿可以根据自己的喜好选取材料和制作方式，尽情地享受制作玩教具的快乐。

 案例

案例一：多彩的印象

I. 设计意图

为了让幼儿认识和理解线条、形状、色彩、空间、明暗、质感、肌理等基本造型要素，充分体验造型活动的乐趣，教师设计了"多彩的印象"玩教具。"多彩的印象"玩教具由印象手作、印象生活、印象时刻、印象水影、印象记忆五个部分组成（图4-15），分别置于五个操作台，灵活性强，可以随意放在不同的空间。"多彩的印象"玩教具，突破了美术教学活动中传统的画、涂、撕、剪、贴等操作方法，增加了转印、凸版、喷绘、水拓等新的操作方法，能够拓宽幼儿的创作视野，培养幼儿的审美能力和审美情感，提高幼儿的表现技能。

图4-15 "多彩的印象"玩教具效果图

2. 物质准备

主要工具：剪刀、美工刀、铅笔、酒精胶、毛笔、板刷、墨碟、黑色pop笔、白胶、胶棒、画盘、调色盘等。

主要材料：聚酯纤维板、卡纸、麻绳、超轻黏土、丙烯颜料、水粉颜料、废旧纸盒、蕾丝带、木板、原木木棍、原木木片、麻布、转印材料、金粉、油墨、水拓画染料、水拓画原液等。

3. 制作步骤（图4-16至图4-35）

图4-16

图4-17

图4-16 投放超轻黏土、丙烯颜料、金粉、白卡纸、酒精胶等材料以及毛笔、剪刀等工具。先用超轻黏土捏塑形象、再用毛笔蘸丙烯颜料绘制。

图4-17 先将作品晾干，然后沿泥塑形象的边缘剪裁，最好留有0.5 cm的白卡纸以增强视觉效果，最后粘贴在黑色的长方形卡纸上用蕾丝带进行装裱。

图4-18

图4-19

图4-18　将聚酯纤维板裁切成长方形，安装在桌子的一侧作为作品展示背板，用黑色pop笔在卡纸上书写文字并用原木木棍装饰四周，固定在展示板上。准备泥工作品进行布置，完成"印象手作"泥工玩教具。

图4-19　投放切开的蔬菜、水粉颜料、白卡纸等材料以及毛笔、调色盘、剪刀等工具。

图4-20

图4-21

图4-22

图4-20　用蔬菜蘸水粉颜料在白卡纸上拓印。

图4-21　沿拓印图案的边缘剪裁，将多个拓印图案进行组合以增强视觉效果，最后进行装裱，完成拓印作品。

图4-22　将聚酯纤维板安装在桌子一侧作为展示板，用黑色pop笔在白卡纸上书写文字并用原木木棍装饰四周，固定在展示板上。准备拓印作品进行布置，完成"印象生活"自然物拓印玩教具。

图4-23　　　　　　　　　图4-24　　　　　　　　　图4-25

图4-23　投放油墨、墨磙、白卡纸、剪刀、胶棒等工具和材料。按照纸
　　　　贴画的方法将白卡纸图形碎片粘贴成完整的画面作为底版，用
　　　　墨磙在底版上滚刷油墨。

图4-24　将白卡纸放置在刷有油墨的底版上，用干净的墨磙压平后
　　　　掀开。

图4-25　将纸版画作品晾干再进行装裱。

图4-26　　　　　　　　　　　　　　　图4-27

图4-26　将聚酯纤维板安装在桌子一侧作为展示板，用黑色pop笔在卡
　　　　纸上书写文字并用原木木棍装饰四周，固定在展示板上。粘贴
　　　　纸版画作品，完成"印象时刻"纸工玩教具。

图4-27　投放画盘、水拓画原液、水拓画染料、A4纸、原木木片等工具
　　　　和材料。将水拓画原液倒入画盘，再滴入几滴水拓画染料。

图4-28

图4-29

图4-28   用竹签或小棒划动画面，制作图案。
图4-29   用A4纸盖上去，切记要保证纸张完全贴合水面。

图4-30

图4-31

图4-30   约5秒后轻轻提起A4纸，平铺在桌面上，晾干即可。
图4-31   装裱水拓画作品。

图4-32

图4-33

图4-32 将聚酯纤维板安装在桌子的一侧作为展示板，用黑色pop笔在白卡纸上书写文字并用原木木棍装饰四周，固定在展示板上。布置水拓画作品，完成"印象水影"创意绘画玩教具。

图4-33 投放图片（激光打印机彩打图片）、原木木片、白胶、板刷、毛巾等工具和材料，先将图片剪裁成与原木木片等大，再用板刷蘸白胶平涂在图画上，将图画面覆盖在原木木片上进行按压，晾干后备用。

图4-34

图4-35

图4-34 用湿润的毛巾整个覆盖在晾干后的原木图像上，让纸张完全湿透后用毛巾轻轻擦除图像背面表层纸质，只留图画，完成转印作品。

图4-35 将聚酯纤维板安装在桌子的一侧作为展示板，粘贴文字，悬挂作品，完成"印象记忆"图章印制玩教具。

4. 玩法应用

玩法一：印象手作（适合小班幼儿）

教师引导幼儿将超轻黏土通过揉、压、捏、团等方式塑造出他们喜欢的形象，并为作品着色，体验泥塑的乐趣，培养幼儿的泥塑造型能力。

玩法二：印象生活（适合小班幼儿）

教师为幼儿提供树叶、蔬菜、木片、海绵等材料，引导幼儿采用自然物进行拓印，通过拓印、组合、添画等方式促进幼儿创造思维的发展。

玩法三：印象时刻（适合中班幼儿）

教师指导幼儿将形象分解，在白卡纸上绘制出各个独立部分，再进行剪裁（例如绘制房子时，要分解为房顶、墙壁、窗子、门等部分，分别绘制）。将剪裁下来的图形留缝或叠放粘贴，重新组合成原形象制成底版。然后用墨磙将油墨均匀磙抹在底版上，再用一张画纸附于其上，均匀压印后掀开，制作成版画。纸版画美术活动可以提高幼儿的动手能力、设计能力和创造能力，培养勤动脑、巧动手的习惯。

玩法四：印象水影（适合大班幼儿）

教师指导幼儿在水拓画原液里滴入自己喜欢的颜色并勾勒出图案，将纸、木片、雪糕棍等材料附于水面，图案就会跃然其上。这种新奇的创作方式让幼儿在快乐游戏中充分体验了色彩的魅力。

玩法五：印象记忆（适合大班幼儿）

教师引导幼儿在彩色打印的图片上平涂白胶，再将图片覆盖在原木木片上，待白胶晾干后将图片纸擦洗干净，图画就会转印在木片上。这种转印方式新颖、有创意，充分调动了幼儿创作的积极性。

案例二：颜色变变变

1. 设计意图

五彩斑斓的颜色总是能吸引幼儿的注意力，参与颜色调和一直是幼儿喜欢的游戏。教师设计"颜色变变变"玩教具，可以满足幼儿的兴趣，帮助幼儿认识颜色、调和颜色、探究颜色，从而提升幼儿的审美能力。

2. 物质准备

主要工具：塑料输液瓶、一次性输液器、剪刀、胶水等。

主要材料：彩纸、KT板、水粉颜料、背胶魔术贴、废旧塑料杯、喷雾瓶等。

3. 制作步骤（图4-36 至图4-39）

图4-36

图4-37

图4-36　先将彩纸和KT板裁剪成10 cm×10 cm尺寸的方形，并用胶水将彩纸粘贴在KT板上，制作成色卡备用。再准备一些废旧塑料杯、喷雾瓶装入收纳盒中备用。

图4-37　将水粉颜料用水稀释，装入塑料输液瓶中，安装上一次性输液器，瓶身上可以画上刻度，便于色彩调和时掌握颜料的调配量。

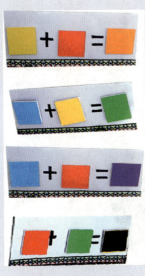

图4-38

图4-39

图4-38　将每块色卡的背面贴上魔术贴，置于长方形KT板上，制成"色彩调和规律记录板"，便于幼儿记录操作结果，如蓝色+黄色=绿色，蓝色+红色=紫色。

图4-39　将装满颜料的输液瓶倒挂在支架上，将滴管口拧紧，将塑料杯、小喷壶、吸管、搅拌棒、抹布等材料装入收纳盒中备用，玩教具制作完成。

4. 玩法应用

玩法一：认识颜色（适合小班幼儿）

色卡上的红、黄、蓝等颜色可以帮助幼儿认识三原色，通过色卡的摆放初步了解三原色相互调和后的色彩变化，认识橙、绿、紫三间色，培养幼儿的色彩认知能力。

玩法二：颜色找朋友（适合中大班幼儿）

转动输液器阀门，将任意两种颜色滴到塑料杯中，进行颜色调和，让幼儿观察颜色的变化。转动输液器阀门，将任意三种颜色滴到塑料杯中，进行颜色调和，让幼儿观察颜色的变化，初步了解什么是色彩的饱和度。

玩法三：滴画游戏（适合大班幼儿）

转动输液器阀门，进行色彩滴画游戏，观察颜色滴落的轨迹变化，培养幼儿的审美能力和创造能力。

三、优秀作品赏析

1. 美术欣赏活动玩教具

"我的小院"玩教具（图4-40）赏析：

图片：美术教育活动类玩教具欣赏

"我的小院"玩教具属于观赏模型类玩教具，选取竹签为主要制作材料，体现了返璞归真的田园风情。整个小院由卧室、观景台、凉亭和菜园四部分组成，其中菜园选用的是超轻黏土材料，辣椒、胡萝卜等蔬菜的制作比较考验制作者的手工捏塑能力。观景台是整个建筑的亮点，也是制作难点，特别是旋转楼梯的制作，竹签剪裁要规整，粘贴要整齐，考验制作者的空间架构能力。

图4-40 我的小院

"水井"玩教具（图4-41）赏析：

"水井"玩教具属于观赏模型类玩教具，选取木条、芦苇秆、麻绳等身边易得的天然材料进行制作，安全耐用，造型逼真，色调古朴，非常适合幼儿观赏、体验。制作的重难点在于水井的起重装置，利用废旧木棒，经过切割打磨，装上横轴和螺母，再安上摇转手柄，每一步骤都要制作精细、安装用心，这样才能确保"水井"的坚固。（注意：要用钉子将木桩固定在木板地面上，避免在手摇辘轳时晃动或脱落。）

图4-41 水井

"智慧停车场"玩教具（图4-42）赏析：

"智慧停车场"玩教具属于观赏模型类玩教具，在设计理念上颇具时代性，具有很强的现实意义。玩教具的取材多为废旧材料，如停车场平台的搭建运用了硬纸壳，五根立柱均采用保鲜膜内芯，升降梯选用的是饮料瓶，经过巧妙设计和精心制作，呈现出智能化的停车场。该玩教具制作难点是将二层和三层停车场搭建稳固，需要将制作平台的硬纸壳四角打孔且二、三层对应的孔间距要相等，以确保坚固性和美观性。该玩教具在整体设计上也比较考验制作者的空间布局能力。

图4-42 智慧停车场

2. 美术操作活动玩教具

"青花古韵"玩教具（图4-43至图4-46）赏析：

"青花古韵"玩教具属于创意绘画玩教具，主要采用塑封膜材料，利用塑封膜透明的特性，将幼儿绘制的图案进行重叠、错位、组合等操作，形成新的青花图案装饰盘子和花瓶。制作者可以引导幼儿在模板的不同位置绘制不同的花纹；可以将青花的花纹、图案装订成册，方便幼儿观赏和学习；还可将幼儿的作品制作成模型摆件，帮助幼儿从多个角度观察、体验。

图4-43 盘子图册　　图4-44 青花盘子　　图4-45 花瓶图册　图4-46 青花花瓶

　　"神奇的画笔"玩教具（图4-47）赏析：

　　"神奇的画笔"玩教具属于创意绘画玩教具，在设计理念上打破了传统画笔的造型和绘画方式，设计灵感来自美国画家杰克逊·波洛克的滴画法，能让幼儿重新认识绘画，使绘画更具趣味性。玩教具的制作以废旧材料为主，如废旧泡泡机、吸管、滚刷、海绵等。制作的重点在于笔的造型和绘画方式，制作者需要平时多研究绘画工具，积累实践经验。制作的难点是怎样将海绵与笔杆牢固对接，制作者需要了解和借鉴毛笔的制作方法。

图4-47　神奇的画笔

 实训任务

　　1. 根据案例"农家院"的制作方法，自制一件适合小班幼儿的美术欣赏活动玩教具。

　　2. 根据案例"颜色变变变"的制作方法，自制一件适合中班幼儿的美术操作活动玩教具。

　　3. 设计并制作一件适合大班幼儿的美术教育活动类玩教具，并能够根据玩教具的玩法设计一节游戏活动。

　　提示：游戏活动设计要包括游戏名称、游戏目标、玩教具准备、游戏过程、游戏小结等。以下为参考案例。

游戏名称	花手绢
游戏目标	1. 了解扎染的染色流程，知道不同的捆扎方法可以染出不同的图案 2. 学会对角线折叠、对称折叠等方法和不同间距的捆扎方法 3. 尝试利用不同的工具进行扎染，享受扎染带来的快乐

续表

玩教具准备	1. 准备自制扎染玩教具（图4-48、图4-49）  图4-48 扎染工具　　　　　图4-49 扎染范例 2. 准备白色棉布或白色麻料手绢、染料、塑料盆、水、毛巾等
游戏过程	1. 自制圆形图案手绢 师：老师手里有一个花手绢，小朋友知道是怎么做出来的吗？（幼儿自由回答） 师：小朋友知道扎染吗？扎染是我国古老的传统手工艺。现在老师演示一下扎染的制作方法，请小朋友认真观察。（教师演示扎染制作流程——圆形捆扎法） （1）幼儿用圆形捆扎法进行扎染游戏，制作出同心圆图案的手绢（图4-50） （2）教师引导幼儿自由发挥，进行多点捆扎，制作出不同大小、不同颜色的同心圆（图4-51）   图4-50 圆形捆扎法　　　　图4-51 圆形捆扎作品

续表

| 游戏过程 | 2. 自制创意图案手绢
幼儿在熟悉扎染基本制作方法后，教师要提供多样的捆扎工具，引导幼儿探究多种折叠方法和捆扎方法，给幼儿自由创作的机会
（1）幼儿体验多种折叠方法（图4-52）
教师可以引导幼儿探究多种折叠方法，如正反折法、对称折法等

图4-52　多种折叠方法

（2）幼儿体验多种捆扎方法（图4-53）
教师以小组为单位提供多种捆扎工具，如夹子、橡皮筋、一次性筷子等，比一比哪个小组染出的图案样式最多、花纹最美丽、色彩最鲜艳

图4-53　多种捆扎方法 |

续表

游戏小结	传统扎染艺术是我国珍贵的文化宝藏，具有独特的艺术魅力，也是幼儿最感兴趣的艺术活动之一。幼儿在游戏过程中被扎染变幻莫测的色彩和极具韵味的图案深深吸引，乐在其中。幼儿通过不断尝试、创新，提高了审美能力和动手制作能力。"花手绢"玩教具旨在将传统文化与美育相融合，让中华文化展现出永久魅力和时代风采

第二节　音乐教育活动类玩教具

➭ 学习目标

1. 了解音乐教育活动类玩教具及其教育价值。
2. 熟悉音乐教育活动类玩教具的分类。
3. 掌握音乐教育活动类玩教具的制作方法，并能够独立设计、制作音乐教育活动类玩教具。
4. 能够将制作的玩教具应用到幼儿园音乐游戏与教学活动中。

　　幼儿园音乐教育活动是一种审美过程，它引导幼儿参与歌唱、欣赏音乐、体验节奏、演奏乐器、创编表演，以达到美育的目的。音乐教育活动类玩教具是教师根据音乐教学活动和游戏活动的需求而制作的玩教具，它可以辅助教学，丰富表演区域的玩教具类型，创设良好的音乐教育环境。音乐教育活动类玩教具主要包括音乐欣赏活动玩教具和音乐操作活动玩教具。

一、音乐欣赏活动玩教具

　　音乐欣赏活动玩教具是教师在欣赏活动中，帮助幼儿感受音乐、理解音乐时用到的玩教具，以达到让幼儿体验音乐美感、激发音乐欣赏兴趣的目的。音乐欣赏活动玩教具主要以乐器模型为主，包括中国民族乐器和西洋乐器。音乐欣赏活动玩教具能够拓展幼儿的音乐知识，了解乐器的基本结构，促进教师与幼儿之间的有效互动。

　　（一）音乐欣赏活动玩教具的分类

　　音乐欣赏活动玩教具按其教育功能不同，可分为音乐环境创设类玩教具，如音乐光盘、MP3、儿童早教机、音乐盒子等；乐器模型类玩教具，如中国民族乐器和西洋乐器模型；音乐知识阅读类玩教具，如音乐名家、名作册、儿童音乐启蒙绘本、触摸有声书等。这些玩教具的培养目的性及针对性比较强，对幼儿来说有巨大的吸引力。

　　（二）音乐欣赏活动玩教具的制作

　　音乐欣赏活动玩教具在设计理念上不仅要注重玩教具自身的趣味性、实用性和美观性，还要考虑到音乐知识传达的准确性，尽可能地展现中华优秀传统文化和民族精神；在材料的选择上尽量丰富，充分利用废旧材料和环保材料；在制作过程中要考虑玩教具的色彩、造型等因素，不仅要和谐美观，还要符合幼儿的审美水平。音乐欣赏活动玩教具具体操作步骤如下：

（1）搜集图片资料，设计玩教具的外观，以手绘的方式呈现。

（2）准备工具和材料，根据玩教具的外观设计进行材料剪裁。

（3）选择适合的制作方法进行加工。

（4）调整玩教具的整体造型，适当添加装饰，增强美感。

（三）音乐欣赏活动玩教具的应用

　　音乐欣赏活动玩教具在音乐教学活动和音乐游戏中应用得非常广泛。在音乐教学活动中，教师可以用自制的乐器模型辅助教学，使幼儿加深对乐器的了解，丰富音乐欣赏的知识经验。在音乐游戏中，教师可以利用玩教具创设音乐情境，发挥幼儿自主探究的能力，使幼儿沉浸在音乐的世界中。

 案例

案例一：月琴

1. 设计意图

　　月琴由古代的阮演变而来，琴颈短小，因共鸣箱形如满月而得名。月琴由琴头、琴颈、琴身、弦轴、琴弦等部分组成。在幼儿园音乐欣赏活动中，月琴玩教具可以帮助幼儿了解月琴的结构和相关的音乐知识，欣赏月琴的音律，感受中国传统音乐的魅力。

2. 物质准备

主要工具：剪刀、美工刀、刻刀、铅笔、格尺、热熔胶枪及胶棒。

主要材料：饼干盒、泡沫板、棕色卡纸、海绵纸、透明尼龙线、珠针、竹签、超轻黏土。

3. 制作步骤（图4-54至图4-64）

图4-54

图4-55

图4-54　准备好工具和材料（选择饼干盒的盒盖作为琴身主体）。

图4-55　先将白卡纸剪切成长方形（长方形的长度要大于饼干盒盒盖的圆周长度），制作月琴的琴框；再将白卡纸剪裁成两个圆形，做月琴的面板和背板；最后准备小块泡沫备用。

图4-56　　　　　　　　　图4-57　　　　　　　　　图4-58

图4-56　先用热熔胶将琴框粘贴在盒盖上，再将切割好的泡沫放入其中。

图4-57　粘贴好月琴的面板和背板。

图4-58　用棕色和米色的海绵纸裱糊琴身，确保表面平整。

图4-59　　　　　　　　　　　　　　图4-60

图4-59　先在白卡纸上绘制琴头和琴颈的轮廓并用剪刀剪出纸样，依纸样用美工刀切割泡沫板。

图4-60　选择棕色海绵纸，依纸样剪裁海绵纸后裱糊在泡沫板上。

图4-61　　　　　　　　　　　　　　图4-62

图4-61 选择棕色卡纸剪成长方形，沿长方形的一角向上卷曲成锥体，
　　　　制作月琴的弦轴。

图4-62 先将弦轴的一端插入琴颈，再用超轻黏土揉成小球封堵弦轴的
　　　　另一端。用竹签切成小段，用海绵纸镂刻云纹，用纸壳和海绵
　　　　纸分别剪出半圆形备用。

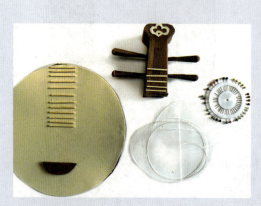

图4-63　　　　　　　　　　　　　　　图4-64

图4-63 用云纹装饰琴头；将小段竹签分别粘贴在琴身和琴颈上，作
　　　　为月琴的"品"；将半圆形的纸壳和海绵纸重叠粘贴在琴身
　　　　上，作为月琴的"缚手"。

图4-64 用透明尼龙线做琴弦，用珠针固定，月琴制作完成。

4. 玩法应用

玩法一：月琴欣赏（适合中班幼儿）

教师引导幼儿欣赏中国的传统乐器，欣赏月琴的音律，了解月琴的结构，感受传统音乐的独特魅力。

玩法二：月琴制作（适合大班幼儿）

教师提供自制月琴的材料，和幼儿一起制作月琴，使幼儿了解月琴的发音原理和构造，提高幼儿的动手实践能力，体验自制乐器带来的成功感。

案例二：创意民族乐器

1. 设计意图

民族乐器造型美观、音色独特，教师利用废旧的生活材料制作"创意民族乐器"玩教具，带领幼儿走进民族音乐的世界，让幼儿倾听和分辨各种民族乐器，了解各种形式的音乐作品，丰富幼儿对音乐的感受和体验。

2. 物质准备

主要工具：剪刀、美工刀、手工锯、板刷、毛笔、格尺、酒精胶、强力胶。

主要材料：铁桶、奶粉桶、饼干盒PVC管、花边纸垫、缎带、装饰宝石、丙烯颜料、卡纸、超轻黏土、透明尼龙线、钢丝、纱布、竹子、鸟哨。

3. 制作步骤

（1）大鼓的制作步骤（图4-65至图4-71）

图4-65 图4-66 图4-67

图4-65 准备一个大铁桶，先清洗干净，再用板刷蘸丙烯颜料平涂表面。

图4-66 准备缎带、装饰宝石和花边纸垫，将花边纸垫中间的圆形剪掉。

图4-67 将花边纸垫贴在桶面上，桶身粘贴缎带和装饰宝石，完成大鼓主体的制作。

图4-68 图4-69

图4-68 准备5个奶粉桶，用丙烯颜料平涂表面，再用窄边缎带进行装饰，完成小鼓的制作。

图4-69 用强力胶将小鼓粘贴在大鼓周围，完成创意民族乐器——大鼓

的制作。(小鼓和大鼓的组合也可以采用钻孔后用铁丝连接的方式,使玩教具更加牢固。)

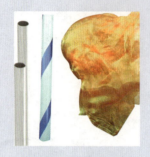
图4-70

图4-71

图4-70　准备纱布、缎带、PVC管,用手工锯将PVC管切割成约35 cm长的小段,用缎带缠绕装饰。

图4-71　准备超轻黏土,将其包裹PVC管的一端,晾干后将纱布包裹在最外层,用绳子扎紧,完成鼓槌的制作。

(2)阮琴的制作步骤(图4-72)

图4-72

图4-73

图4-74

图4-72　选用圆形饼干盒做阮琴的琴身(盒盖部分用卡纸替代,便于切割成圆形孔洞)。长方形木板做琴颈,用丙烯颜料分别涂棕色和蓝紫色;再用白色、棕色卡纸做琴头上的图案,用超轻黏土在琴头位置做弦轴,将纸壳裁剪成小段,在琴颈和琴身位置做琴品;最后用透明尼龙线制作琴弦,完成创意民族古乐器——阮琴的制作。

（3）二胡的制作步骤（图4-73）

图4-73　选用奶粉罐做二胡的琴筒，PVC管做琴杆，用超轻黏土做弦轴，用竹子和透明尼龙线做弓杆；最后用缎带进行装饰，完成创意民族乐器——二胡的制作。

（4）笙的制作步骤（图4-74）

图4-74　选用PVC管做笙笛，用丙烯颜料涂色，将鸟哨置于笙笛中间做吹嘴，用强力胶粘贴；最后用缎带进行装饰，完成创意民族乐器——笙的制作。

4. 玩法应用

玩法一：创意民族乐器欣赏（适合中班幼儿）

教师带领幼儿欣赏民族乐器，聆听民族乐器的声音，了解大鼓、月琴、二胡、笙等民族乐器的结构，感受声音的变化，初步了解民族乐器的发展和相关的历史故事，感受民族乐器的魅力。

玩法二：民族乐器体验（适合大班幼儿）

教师提供自制民族乐器的材料，和幼儿一起制作民族乐器。在制作过程中，幼儿能够了解民族乐器的构造和发音原理，体验自制乐器带来的成就感。在利用玩教具进行游戏时，幼儿可以模仿弹奏的姿势，感受民族风格和情感，培养爱国主义精神。

案例三：钢琴

1. 设计意图

钢琴是西洋古典音乐中的一种键盘乐器。钢琴的音域宽广、音色多变，"钢琴"玩教具，可以让幼儿了解钢琴的结构、特点，调动幼儿学习钢琴的积极性。

视频：
钢琴的制作

2. 物质准备

主要工具：剪刀、美工刀、记号笔、胶棒。

主要材料：废旧纸盒、牙膏盒、黑白色卡纸、蕾丝。

3. 制作步骤（图4-75至图4-80）

图4-75　　　　　　　　　图4-76　　　　　　　　　图4-77

图4-75　准备两个纸盒，小的纸盒可以用废旧的牙膏盒；用黑色的丙烯颜料涂在两个纸盒的表面，盖住原来的颜色，完成钢琴的两个主体部分的制作。

图4-76　用白卡纸做键盘，在白色键的基础上用记号笔画上黑色键，粘贴在牙膏盒上即可。

图4-77　用黑卡纸做琴盖。注意有两处折叠部分，一部分粘贴在琴键盒上，另一部分作为钢琴盖的立面。

图4-78　　　　　　　　　　　图4-79　　　　　　　　　　　图4-80

图4-78　完成琴键整体制作。

图4-79　将琴键部分粘贴到钢琴主体上，完成整架钢琴的制作。

图4-80　用黑色卡纸制作琴凳，用蕾丝装饰琴身，玩教具制作完成。

4. 玩法应用

玩法一：钢琴欣赏（适合小班幼儿）

教师带领幼儿欣赏钢琴，重点展示钢琴的发展历史，感受钢琴键盘发出的各种声音。通过欣赏钢琴，幼儿不仅了解了钢琴的结构，还能够配合乐曲用身体做动作，从中感受西洋古典音乐的魅力。

玩法二：钢琴制作（适合大班幼儿）

教师提供自制钢琴的材料，和幼儿一起制作钢琴。通过制作钢琴活动，幼儿能够了解钢琴的发音原理和构造，提高动手实践能力，体验自制乐器带来的成就感。

二、音乐体验活动玩教具

音乐体验活动玩教具是教师根据音乐教学活动和音乐游戏需要，为幼儿提供的能够探索声音、演奏乐曲的玩教具，它可以让抽象的音乐知识通过不同的器具展现形式而具体化、形象化。在学前教育阶段，音乐体验活动玩教具主要包括打击乐器、弹拨乐器等。音乐体验活动玩教具能够满足幼儿演奏的愿望，引导幼儿主动参与音乐实践，引发幼儿的好奇心，发挥其想象力。

（一）音乐体验活动玩教具的分类

音乐体验活动玩教具按发声方式主要分为四类：打击类玩教具、键盘类玩教具、弦乐类玩教具和管乐类玩教具。打击类玩教具通过敲击使玩教具发出不同的声音，能够锻炼幼儿的手部肌肉，增强幼儿的节奏感；键盘类玩教具主要是模拟乐器键盘，让幼儿在按压过程中听辨单音，体验不同的声音组合带来的音乐感受；弦乐类玩教具通过拨动音弦发声，锻炼幼儿手指的灵活性；管乐类玩教具操作比较简单，幼儿在练习吹奏的同时也有利于锻炼自身的肺活量。

（二）音乐体验活动玩教具的制作

教师在设计理念上必须考虑幼儿在音乐游戏中的随意性、多变性，符合幼儿演奏乐器的特点。所用的制作材料要来源于幼儿的生活，让幼儿感受到生活中随处可见的物品都可以成为乐器，加深对美的感受。在制作过程中，教师要考虑玩教具的尺寸大小和重量，应适合幼儿使用。由多个部件组合而成的玩教具，最好采用支架组合的方式将其固定，可运用手工、绘画的方法进行装饰。音乐体验活动玩教具具体操作步骤如下：

（1）根据设计意图搜集相关的图片资料。

（2）准备工具和材料，选用的废旧材料要进行清洗、消毒。

（3）先制作单个部件，再进行多个部件的组合、安装。

（4）引导幼儿积极参与玩教具制作，充分调动幼儿的想象力和创造力。

（5）布置、安放玩教具，注意整体性、实用性和美观性相结合。

（三）音乐体验活动玩教具的应用

音乐体验活动玩教具可以应用在音乐教学活动、游戏活动和区域活动中。在音乐教学活动中，教师用玩教具辅助教学，对幼儿的音乐听辨能力进行训练，对幼儿进行音乐创作引导。在游戏活动中，教师运用打击类玩教具、键盘类玩教具，使幼儿感受到旋律的起伏、节奏的律动、音节的变化，并根据音乐的具体变化做出相应的反应。在区域活动中，教师可以投放打击类玩教具的制作材料，让幼儿自制玩教具，相互交流、分享制作经验，并探索新的玩法。

 案例

案例一：盛世鼓韵

I. 设计意图

根据朝鲜族的民族特点，教师设计了"盛世鼓韵"玩教具，不但为幼儿园的园本课程开发提供音乐体验活动玩教具，还可以满足幼儿探索音乐、演奏音乐的愿望。"盛世鼓韵"玩教具由大鼓、长鼓、扁鼓、腰鼓、手鼓、悬挂鼓、鼓谱等组成（图4-81）。

图4-81   "盛世鼓韵"玩教具

2. 物质准备

主要工具：剪刀、美工刀、锤子、锯子、强力胶、胶棒、双面胶等。

主要材料：彩色卡纸、金色背胶壁纸、塑料花盆、塑料花盆底盘、塑料勺、白色棉绳、麻绳、铃铛、废旧奶粉罐、锅盖、水瓶、木条和桶、玉米秸秆等。

3. 制作步骤（图4-82至图4-90）

图4-82

图4-83

图4-84

图4-82   选取黑色塑料桶桶盖，采用粘贴的方法制成"扁鼓"；选取玉米秸秆，采用缠绕的方法制成"底座"。

图4-83   利用白色塑料花盆底座，采用钻孔、穿麻绳、打结的方法制成"扁鼓"。虽然不同材料制成的"扁鼓"发出的声音不同，但都有音高而短促、声音清脆的特点。

图4-84   用粉色塑料花盆制作鼓身，将白色塑料托盘放置在鼓身的两端，用棉绳捆扎，将其固定；再用木棍和超轻黏土制作鼓槌，完成"长鼓"的制作。"长鼓"全长35 cm，鼓面直径约22 cm。

图4-85

图4-86

图4-87

图4-85 选取蓝色大桶、白色塑料托盘，采用钻孔、穿棉绳、打结的方法制成"大鼓"；用塑料勺制成鼓槌。

图4-86 选取奶粉罐、啤酒桶、锅盖，先用金色背胶壁纸裱糊奶粉罐桶身，再采用捆绑、组合、装饰的方法制成"小鼓组合"。罐子里装有不同容量的水，因此音质不同，回声嘹亮。

图4-87 用葫芦瓢、麻线和铃铛制成"铃铛鼓"，用红、黄、蓝三色卡纸剪成圆形装饰"铃铛鼓"。

图4-88

图4-89

图4-90

图4-88 采用绘制和手工装饰的方法，制成鼓谱。

图4-89 选取木条，采用榫卯的方法制成"乐器架"。乐器架上挂着手鼓、沙锤、铃铛鼓和大鼓槌，便于幼儿游戏时取用。

图4-90 用奶粉罐、铁盆、锅盖、木条等材料制成"悬挂鼓"，便于多名幼儿协同演奏。

4. 玩法应用

玩法一：敲敲打打（适合小班幼儿）

每名幼儿选取一件乐器进行敲打体验，教师引导幼儿说出体验的结果，如发出声音的强弱、长短等；幼儿还可以互相交换乐器，进行声音的比较体验，手持同种乐器的幼儿可以组成一组，进行乐器的合奏体验。敲打体验，可以培养幼儿对音乐的好奇心和探究愿望，激发对音乐的兴趣。

玩法二：击鼓舞蹈（适合中班幼儿）

手鼓、长鼓多用在舞蹈中，由舞者边击边舞。幼儿进行长鼓演奏时，可将长鼓横挂在胸前，左手拍鼓，右手执竹片敲击，发出清脆的鼓声。幼儿跟随敲打的节奏进行舞蹈，不仅能体验音乐的美感，还可以用舞蹈表达自己的情感。

玩法三：鼓乐齐奏（适合大班幼儿）

幼儿根据已有的经验挑选乐器，在教师的指导下，参照乐谱进行齐奏。鼓乐齐奏活动，可以培养幼儿规范的演奏习惯，增强幼儿音乐表现的自信心，还可以培养幼儿良好的合作意识和团队精神。

案例二：梦的旋律

1. 设计意图

《3—6岁儿童学习与发展指南》指出"幼儿艺术领域学习的关键在于充分创造条件和机会"，"支持幼儿自发的艺术表现和创造"。为了让更多的幼儿参与音乐体验游戏，教师设计了"梦的旋律"玩教具以满足幼儿对音乐学习的需求。"梦的旋律"玩教具由小舞台、架子鼓、方形鼓和多种媒材组合的快乐敲击架组成，其中小舞台配备了吉他，以烘托表演气氛。"梦的旋律"玩教具包括打击乐、弹拨乐器等，可以帮助幼儿认识乐器种类。幼儿可以选择不同种类的乐器相互配合，组成小乐队，一起演奏，在合作中寻找音乐的乐趣（图4-91）。

图4-91 "梦的旋律"玩教具

2. 物质准备

主要工具：剪刀、美工刀、锯子、电钻、胶枪、热熔胶棒、板刷、毛笔等。

主要材料：仿真绿植、丙烯颜料、塑料底座、奶粉罐、锡箔纸、彩色卡纸、PVC管、玻璃瓶、塑料盘、塑料杯、果冻盒、聚酯纤维板、粗细不同的麻绳、原木棒、电子红外线吉他琴头、蒸笼、饼干盒等。

3. 制作步骤（图 4-92 至图 4-98）

图4-92 图4-93 图4-94

图4-92 将奶粉罐摆放整齐，用热熔胶将其固定；再用粗麻绳捆绑四周，边捆绑边黏合，制作小舞台的内部支撑架。

图4-93 先将聚酯纤维板裁切成六边形，再粘贴在内部支撑架上。

图4-94 用果冻盒和锡箔纸做小彩灯，装饰小舞台的台面，在小舞台前放置话筒。

图4-95 图4-96

图4-95 用聚酯纤维板、电子红外线吉他琴头制成吉他。电子红外线吉他琴头里内置红外线发射接收器，能向琴身对应位置发射一条大约30 cm长的红外线；操作者只需配合按键，以弹奏吉他的方式阻隔红外线穿透，内置的扬声器就会感应发出声音。

图4-96 用PVC管制成方形的"鼓架"；用丙烯颜料在奶粉罐表面绘制图案，再将奶粉罐上部1/5处穿孔，用麻绳捆绑，将其固定在鼓架上，最后在桶里倒入不等量的水；将原木片穿孔，用麻绳

捆绑在鼓架上，用卡纸书写文字后剪切、粘贴在鼓架上，完成方形鼓的制作。

图4-97

图4-98

图4-97　用奶粉罐、饼干盒、塑料底座、蒸篦、PVC管制成架子鼓。

图4-98　选取奶粉罐，采用丙烯绘制的方法制成小鼓；选取PVC管，采用搭建、绘制的方法制成支架；选取原木棒，采用穿孔、打结的方法制成原木打击器具；选取玻璃瓶，采用捆绑、装饰的方法制成玻璃打击器具；选取塑料盘、塑料杯，采用穿孔、打结的方法制成塑料打击器具；最后用仿真绿植装饰，完成多种媒材组合的快乐敲击架的制作。

4. 玩法应用

玩法一：我要表演（适合小班幼儿）

小班幼儿可以站在小舞台上演唱歌曲、说唱儿歌等，锻炼在全班幼儿面前表演的勇气和语言表达能力。

玩法二：有趣的方形鼓（适合中班幼儿）

幼儿根据自己的喜好，自由选择位置，可以站在方形鼓内，也可以站在方形鼓外，体验不同角度的敲击；还可以与同伴合奏，探索铁桶、木板发出的声音的不同，体验不同的演奏方式及方法。

玩法三：弹吉他（适合中班幼儿）

幼儿用正确的姿势弹奏吉他，弹出不同的和弦，试着按琴头的按钮感知不同的旋律。幼儿还可以合奏，从中感知吉他带来的不同音效，培养幼儿的节奏感和合奏能力。

玩法四：敲打架子鼓（适合大班幼儿）

幼儿可以自由敲击架子鼓，锻炼手眼协调能力；探索鼓的大小不同，发出的声音也会不同，培养幼儿的节奏感。幼儿还可以按教师提供的乐谱进行敲击，简单快速地掌握基本演奏技能。

玩法五：快乐敲击（适合大班幼儿）

幼儿按教师提供的乐谱进行合奏，培养幼儿的节奏感和合奏能力。幼儿还可以与同伴合作，敲击不同的材料，倾听不同的发音，并将不同发音的材料进行有规律的排列组合，培养幼儿的音乐创编能力。

案例三：厨音厨韵

1. 设计意图

厨具在幼儿生活中很常见，幼儿特别喜欢用筷子敲打餐具，发出叮叮当当的声音。教师设计"厨音厨韵"玩教具，可以给幼儿创设音乐环境，让幼儿尽情地进行音乐游戏。"厨音厨韵"玩教具的敲打器具上还绘制了青花图案，让幼儿在敲打的过程中感受传统青花图案的纹饰美（图4-99）。

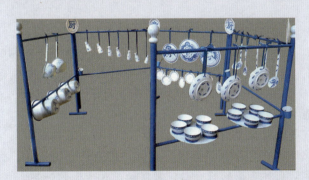

图4-99 "厨音厨韵"玩教具

2. 物质准备

主要工具：剪刀、电钻、手工锯、强力胶、板刷、毛笔等。

主要材料：锅盖、塑料盘、纸盘、青花瓷碗、漏勺、锅铲、铁盆、水勺、调料瓶、小水桶、蒸笼、纸杯、白卡纸、废旧铁架、丙烯颜料等。

3. 制作步骤（图4-100至图4-105）

图4-100

图4-101

图4-102

图4-100　准备锅盖、塑料盘，先用板刷蘸白色颜料涂底色，再用毛笔蘸蓝色颜料绘制青花图案。

图4-101　准备纸盘，先用毛笔蘸蓝色颜料绘制青花纹饰，再穿孔，最后系上蓝色缎带。

图4-102　按照图4-100的方法，在水勺、铁盆上绘制青色山水图案。

图4-103　　　　　　　　图4-104　　　　　　　　图4-105

图4-103　在调料瓶上绘制图案后系上缎带。

图4-104　先用白卡纸裱糊蒸笼，再用强力胶将青花瓷碗粘贴在蒸笼上。

图4-105　准备漏勺、锅铲，在上面绘制图案。最后将所有器具用缎带系在废旧铁架上，完成"厨音厨韵"玩教具制作。

4. 玩法应用

玩法一：寻找厨音（适合小班幼儿）

每名幼儿选取一件厨房用具进行敲打，体验声音的强弱、长短等。敲打体验可以培养幼儿对音乐的好奇心，激发幼儿对音乐的兴趣。

玩法二：厨音厨韵（适合大班幼儿）

教师鼓励幼儿自由敲打，感受每组厨房用具发出的声音以及将厨房用具排列组合后声音发生的变化。在表演区活动时，教师播放节奏感强的音乐，鼓励幼儿随音乐敲击厨房"乐器"，体验敲敲打打带来的快乐。

三、优秀作品赏析

1. 音乐欣赏活动玩教具

"迷你架子鼓"玩教具（图4-106）赏析：

图片：
音乐教育活动
类玩教具欣赏

"迷你架子鼓"玩教具属于打击乐器模型。选取生活中的罐类材料，采用粘贴、装饰的方法制作。"迷你架子鼓"设计巧妙、造型简洁，合理地运用了生活中的废旧材料。制作难点是踩镲，选用圆边铝盖，中间穿孔，用细铁棒做支柱，制作时要注意安全。

图4-106　迷你架子鼓

"琵琶"玩教具（图4-107）赏析：

"琵琶"玩教具属于弹拨乐器模型。琵琶是中国传统乐器，已有两千多年的历史，师幼共同制作"琵琶"玩教具，能提高幼儿的动手能力，加深对民族文化的理解。"琵琶"玩教具选取硬纸壳、超轻黏土、白棉绳、水粉颜料等材料制作，造型美观、色彩和谐，非常适合幼儿手工操作。制作重难点是琵琶面板上品、相、弦的制作，考验制作者的细节处理能力。

图4-107　琵琶

2. 音乐体验活动玩教具

"奇妙的音乐"玩教具（图4-108）赏析：

"奇妙的音乐"玩教具包括图谱、大鼓、小鼓、手摇铃鼓、手铃五部分。选取纸盘、奶粉罐、木棒、铃铛、瓶盖等废旧材料制作。制作过程中一定要考虑不同乐器的音质和幼儿使用时易出现的问题。

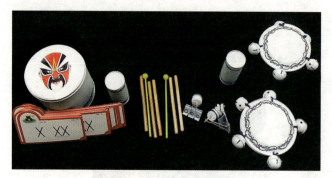

图4-108　奇妙的音乐

"钟琴齐鸣"玩教具（图4-109）赏析：

"钟琴齐鸣"玩教具包括木琴、三角铃、管钟三部分。木琴音质冰凉，有冰冻质感；三角铃发音清脆悦耳，穿透力强；管钟发音庄严洪亮，余音很长，音色神秘。"钟琴齐鸣"玩教具的主要制作材料是木片、钢管，能突出音色的质感。制作重难点是木片、钢管的切割，要注意长短比例并按长短比例将这些材料按照一定的次序排列。

图4-109　钟琴齐鸣

 实训任务

1. 根据案例"创意民族乐器"的制作方法，自制一件适合小班幼儿的音乐欣赏活动玩教具。

2. 根据案例"梦的旋律"的制作方法，自制一件适合中班幼儿的音乐体验活动玩教具。

3. 设计并制作一件适合大班幼儿的音乐教育活动类玩教具，并能够根据玩教具的玩法设计一节游戏活动。

提示：游戏活动设计要包括游戏名称、游戏目标、玩教具准备、游戏过程、游戏小结等。以下为参考案例。

游戏名称	丁零当啷乐队
游戏目标	1. 了解打击乐器，识别简单的打击乐图谱 2. 寻找发声材料，探索声音的强弱、长短和音色 3. 积极参与演奏活动，养成良好的演奏习惯
玩教具准备	1. 准备自制玩教具"丁零当啷乐队"（图4-110、图4-111） 2. 准备记录表、彩笔（记录声音的强弱、长短）  图4-110　"丁零当啷乐队"玩教具1  图4-111　"丁零当啷乐队"玩教具2
游戏过程	1. 编钟游戏 如图4-110，玩教具设计了由长到短的钢管，幼儿进行敲打，记录声音的高低。教师总结科学原理：长的钢管内空气柱震动的频率低，发出的音就低；短的钢管内空气柱震动的频率高，发出的音就高 2. 七音瓶游戏 如图4-111，教师在七个瓶身上从低至高画上图案，代表从1到7不同的音高，教师根据图案的位置在瓶内装入水，由多到少。教师分给每名幼儿一根木棒，敲打瓶身后进行声音比较 师：每个瓶子发出的声音一样吗？哪个瓶子音调高？哪个瓶子音调低？仔细听，体会声音跟瓶子身上的图案有什么关系？

续表

游戏过程	3. 沙锤游戏 师：小朋友摇一摇手中的沙锤，听一听声音，猜一猜沙锤里装的是什么材料？ 师：这些沙锤里装着沙子、大米、石子、黄豆、小米，再摇一次沙锤，记录哪个沙锤声音大，哪个沙锤声音小，声音有什么区别？ 让幼儿感受不同材料放进沙锤后，摇晃沙锤发出的声响是不同的 4. 响鼓和手鼓游戏 教师将幼儿分成两组，分别敲打响鼓和手鼓，鼓励幼儿大胆说出鼓声的区别，并模仿鼓的声音。教师引导幼儿按鼓谱进行演奏，也可以和"丁零当啷乐队"玩教具中的其他乐器合奏
游戏小结	通过游戏活动的开展，幼儿能用不同的乐器敲打出不同的节奏，感受打击乐的魅力；幼儿和教师一起自制玩教具，可以增强动手能力

第五章 社会领域玩教具制作

学习指导

通过学习本章内容，你可以理解社会领域玩教具的分类，熟悉社会领域玩教具的制作方法，进而能够设计与制作符合幼儿年龄特点的社会领域玩教具。

制作社会领域玩教具时应考虑各年龄段幼儿的发展特点，注意所要传达的社会知识及规则的递进性。相对其他领域的玩教具制作而言，社会领域玩教具的制作需要多个物件组合，适合教师与幼儿共同合作完成，在制作过程中要充分融入幼儿与幼儿之间、幼儿与教师之间友好相处、共同协作的精神，使幼儿从中感受到与人合作的乐趣。

　　社会领域玩教具是促进幼儿社会性发展的重要媒介，为幼儿提供更多机会认识身边环境并积累相关生活经验，同时，社会领域玩教具也能推动幼儿的角色游戏，促使幼儿理解社会行为规则。《3—6岁儿童学习与发展指南》指出："幼儿社会领域的学习与发展过程是其社会性不断完善并奠定健全人格基础的过程。"社会领域玩教具作为一种载体，能够让幼儿在模拟的社会生活环境中学习生活技巧，在游戏过程中学习如何与人友好相处，从而促进社会性的发展。本章主要从交往合作类玩教具和社会适应类玩教具两大部分进行阐述。

第一节　交往合作类玩教具

▷ 学习目标

　　1. 了解交往合作类玩教具及其教育价值。
　　2. 熟悉交往合作类玩教具的分类。
　　3. 掌握交往合作类玩教具的制作、方法，并能够独立设计、制作交往合作类玩教具。
　　4. 能够将制作的玩教具应用到幼儿园社会领域的游戏与教学活动中。

　　幼儿的社会性主要是在日常生活和游戏中通过观察和模仿潜移默化地发展起来的，交往合作类玩教具可以为幼儿的人际交往创设情境，使幼儿的社会交往更加自然。交往合作类玩教具是辅助幼儿了解与自己关系密切的社会服务机构环境及其工作方式的玩教具，使幼儿了解不同职业的工作内容，体会工作人员的艰辛劳动，懂得珍惜劳动成果，并在扮演角色的过程中调动已有经验，发展语言表达能力和社会交往能力。交往合作类玩教具主要包括娃娃家游戏玩教具和职业体验游戏玩教具。

一、娃娃家游戏玩教具

　　家庭生活是幼儿最早熟悉的环境，一般来说，幼儿早期的社会性角色游戏就是扮演爸爸或妈妈。娃娃家游戏玩教具是配合家庭角色扮演而制作的玩教具，为幼儿模仿、体验家庭生活创设生活化的环境。娃娃家游戏是小班、中班幼儿非常喜欢的游戏活动之一，娃娃家游戏玩教具能为幼儿创造交往的机会，帮助幼儿在游戏中与同伴交往。幼儿通过娃娃家游戏诠释他所了解的人的语言、动作和行为；在角色扮演的过程中，幼儿将其对外部世界的认知、感受进行有效整合，提升社会能力。

（一）娃娃家游戏玩教具的分类

　　在娃娃家游戏中，角色、材料和情境是基本要素，相应的娃娃家游戏玩教具可分为娃娃类玩教具、生活用品类玩教具、家具类玩教具。娃娃类玩教具主要包括游戏中出现的一些角色人偶及人偶服饰，还包括小动物玩偶，这些玩具一般采用布材料制作，如"小宝宝"、四季服饰、毛绒宠物等；生活用品类玩教具主要包括角色道具、厨房炊具、餐具、模拟家电、仿真食品、绿色植物等；家具类玩教具是指为游戏创设家庭生活环境而制作的家具模型，主要包括厨房家具、卧室家具、客厅家具等。

（二）娃娃家游戏玩教具的制作

娃娃家游戏玩教具的设计与制作，以安全为前提，强调互动性、功能性和美观性。娃娃家游戏玩教具主要以幼儿感兴趣的家庭生活为背景，围绕家庭生活中的某一环境，通过该环境中具有典型特征的陈设展开设计。可选择的制作材料比较丰富，包括纸、布、泥、绳等材料；娃娃家游戏玩教具通常由多个不同形式的小物件组合而成，教师要根据制作样式及展示效果进行选材；大部分娃娃家游戏玩教具体积较大，制作过程中要使物件之间的连接部分保持牢固，颜色以浅色调为主，可多加一些装饰，适合幼儿的年龄特点。娃娃家游戏玩教具具体制作步骤如下：

（1）确定玩教具主题，根据主题搜集相关的图片资料。

（2）进行构思与设计，根据设计方案准备工具和材料，尽可能地利用身边的废旧生活材料。

（3）绘制图样，按照图样进行制作、组装、装饰。

（4）引导幼儿积极参与玩教具制作，用制作的玩教具布置游戏环境。

（三）娃娃家游戏玩教具的应用

娃娃家游戏玩教具可以应用在幼儿园区域活动和集体教学活动中。在区域活动中，教师投放娃娃家游戏玩教具，布置环境；幼儿可以结合娃娃家游戏玩教具自行设定游戏主题，共同制订游戏规则，一起探索娃娃家游戏玩教具的玩法。娃娃家游戏玩教具也可以应用于社会领域的集体教学活动，便于幼儿理解社会知识，为幼儿创造交往的机会，让幼儿体会交往的乐趣。

 案例

案例一：我的厨房

1. 设计意图

"我是小厨师"是幼儿最喜欢的角色游戏之一，尤其喜欢模仿爸爸、妈妈在厨房里做饭的样子。"我的厨房"玩教具可以创设一个与真实生活相符合的情境，让幼儿在游戏中体验洗菜、做饭、包饺子等，激发幼儿对生活的内在感受，并培养幼儿的生活自理能力和动手能力。

视频：
"我的厨房"
的制作

2. 物质准备

主要工具： 剪刀、美工刀、热熔胶棒、胶枪、酒精胶、双面胶、透明胶、铅笔、直尺、针。

　　主要材料：纸盒、不织布、彩色卡纸、超轻黏土、小彩灯、手缝线等。

3. 制作步骤（图5-1至图5-18）

图5-1

图5-2

图5-1　准备一个大的废旧鞋盒或长方形纸盒，用胶枪热熔胶棒将紫色和黄色的不织布裱糊在纸盒表面。

图5-2　裁剪四块等大的灰色长方形不织布，将其中两块不织布用酒精胶粘贴在盒子表面，作为"炉具"的底，另外两块备用。

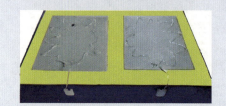

图5-3

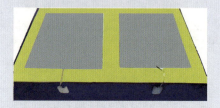

图5-4

图5-3　使用热熔胶在灰色的不织布上粘贴小彩灯，"炉具"使用时，可以打开小彩灯开关，模拟火苗的感觉。

图5-4　将另外两块灰色不织布粘贴在小彩灯上，完成"炉具"的制作。

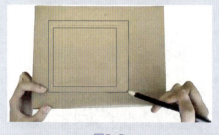

图5-5

图5-6

图5-5　准备一个纸盒，用较平整的面作为"微波炉"的正面，在上面画出"微波炉"的门。

图5-6　先用美工刀裁掉"窗口"部分，再沿着"微波炉"门的外框线进行切割，使其能够打开。

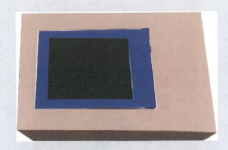

图5-7　　　　　　　　　　　　　　　　　图5-8

图5-7　用粉、蓝两色卡纸裱糊纸盒表面。

图5-8　先将灰色卡纸裁剪成1.5 cm宽的长方形，将其弯曲并将两头折叠做
　　　　"门把手"；用黄色卡纸采用绘制的方法，做"微波炉"的"按钮"。

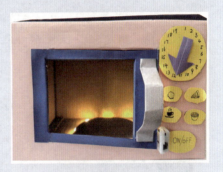

图5-9　　　　　　　　　　　　　　　　　图5-10

图5-9　将"门把手"及"按钮"用双面胶固定在"微波炉"门的右侧。

图5-10　在"微波炉"内部用热熔胶粘贴上小彩灯，"微波炉"制作完成。

图5-11　　　　　　　　　　　　　　　　图5-12

图5-11　准备一个牛奶盒，用透明胶将其四面粘好，使其更牢固；然后沿
　　　　　盒子上半部约3 cm的位置，用裁纸刀切割开三面，做"冰箱门"。

图5-12　用灰、绿两色卡纸裱糊"冰箱"表面。

图5-13

图5-14

图5-13 在盒子内部用纸壳制作冰箱内部隔板,将隔板用热熔胶粘贴牢固,最后在内部安装小彩灯。

图5-14 用超轻黏土捏制蛋糕、水果、蔬菜等食物,摆放在冰箱里,"冰箱"制作完成。

图5-15

图5-16

图5-15 选取不织布采用缝制方法制作"食物",如荷包蛋、棒棒糖等。

图5-16 用超轻黏土制作的装盘食物。

图5-17

图5-18

图5-17 用黑色和灰色卡纸制作"平底锅""菜刀""锅铲"。

图5-18　将制作好的厨房用具组合在一起，"我的厨房"玩教具制作完成。

4. 玩法应用

玩法一：过家家（适合小班、中班幼儿）

几名幼儿轮流扮演爸爸或妈妈，为孩子做饭。幼儿可以自行制订规则，模仿爸爸、妈妈做饭时的样子，研究烹饪食物的过程。在游戏中，幼儿学会了观察，懂得爸爸、妈妈做饭不易，知道要珍惜食物，角色扮演还可以锻炼幼儿的沟通协调能力、语言表达能力。

玩法二：快乐餐厅（适合大班幼儿）

幼儿轮流扮演餐厅小厨师、顾客、服务员，针对不同角色进行模拟体验。幼儿可以自行制订游戏规则，在游戏过程中协商各类角色的数量、扮演角色的人员及所承担的工作或任务。在游戏中，小厨师能了解烹饪食材，按照正确的烹饪环节模拟制作食物，懂得烹饪食物过程中的安全知识；顾客能够用礼貌用语点餐，了解中西就餐文化，练习就餐的基本礼仪；服务员能够使用礼貌用语与顾客交流，简单介绍餐品。在游戏中，幼儿懂得了珍惜粮食，锻炼了独立点餐、买东西等生活能力，树立了自信心。

案例二：安妮的小屋

1. 设计意图

娃娃家游戏玩教具制作要与幼儿园的环境空间相结合。如果活动室空间较大，教师可以直接划分一个区域进行等比例娃娃家游戏玩教具制作；如果活动室空间较小，教师可以制作箱式娃娃家游戏玩教具，供幼儿游戏。"安妮的小屋"就是为狭小空间环境制作的箱式娃娃家游戏玩教具。这种箱式玩教具内容丰富，如床、衣柜、沙发、桌子、椅子、各种衣服等，教师还可以根据幼儿的需要随时添加玩教具，丰富幼儿的生活经验。

2. 物质准备

主要工具：剪刀、双面胶、胶枪、热熔胶棒、酒精胶、尺子、美工刀。

主要材料：废旧纸盒、纸壳、泡沫板、壁纸、彩纸、不织布、超轻黏土、木质筷子、彩色卡纸、雪糕棒等。

3. 制作步骤（图5-19至图5-25）

 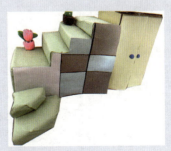

图5-19　　　　　　　　　　图5-20

图5-19　选取废旧纸盒、彩纸，采用裱糊、绘制的方法制作"橱柜"和"冰箱"。为了增强互动性，"橱柜"柜门可开关，"橱柜"上方用超轻黏土制作食品和用具进行布置。

图5-20　选取废旧纸盒、不织布、彩纸，采用裱糊的方法制作"衣柜"和"楼梯"，并用超轻黏土制作盆栽进行装饰。

图5-21

图5-22

图5-21　将泡沫板切割成大小不同的长方形，采用粘贴、组合的方法制作沙发内部支架，再用橘色的不织布进行裱糊，完成"沙发"制作。选取纸壳、彩纸，采用剪裁、粘贴、组合的方法制作"茶桌"，用超轻黏土制作果盘、水杯放置在茶桌上。

图5-22　将木质筷子切割成长短不同的木段，用胶枪粘贴木段组成小椅子的框架，再用不织布制作小垫子粘在框架上，完成"小椅子"的制作。先用木段做桌子支架，再用纸壳做桌面，用壁纸裱糊，完成"桌子"的制作。

图5-23

图5-24

图5-23　先用长方形纸盒做床体，再用蓝色不织布包裹床体，在纸盒与不织布之间的夹空位置塞入少量的颗粒棉，最后用酒精胶将不织布四周粘贴牢固，完成"小床"的制作。用超轻黏土做台灯，用雪糕棒做地板，进行区域装饰。

图5-24　用彩色卡纸、纸壳制作书架和书，用超轻黏土捏制小熊、小兔子玩偶装饰房间。

图5-25

图5-25　准备一个较大的纸盒箱，先去掉顶面和正面，再用壁纸裱糊内
　　　　表面，最后将制作好的家具、器物、装饰品等摆放在不同位
　　　　置，完成"安妮的小屋"玩教具的制作。

4. 玩法应用

玩法一：我是小主人（适合小班幼儿）

在区角投放"安妮的小屋"玩教具，幼儿自主选择游戏角色进行扮演，可以扮演安妮，也可以扮演小客人，通过游戏使幼儿懂得用礼貌用语招呼客人，为客人倒茶等。"我是小主人"游戏可以使幼儿在"家"的氛围中放松情绪，缓解入园焦虑；同时也在游戏情境中获得相关的生活经验。

玩法二：演员已就位（适合大班幼儿）

"安妮的小屋"玩教具可以作为戏剧表演小道具，教师组织幼儿利用该玩教具进行绘本故事的戏剧表演，增强戏剧表演的趣味性，培养幼儿的语言表达能力。

二、职业体验游戏玩教具

职业体验游戏玩教具是以某一社会职业为设计背景，制作相关职业的场景和道具，以辅助幼儿完成职业体验游戏的玩教具。职业体验游戏玩教具可以帮助幼儿了解与自己相关的社会服务机构及其环境，如超市、邮局、医院、农场等，熟悉工作场地，了解工作内容，体会职业特点；发展语言表达能力和社会交往能力，增强规则意识和责任意识。

（一）职业体验游戏玩教具的分类

职业体验游戏的主题非常丰富，如商店、医院、餐厅、农场、学校等。职业体验游戏玩教具主要分为家具类玩教具和用品类玩教具。家具类玩教具主要指职业体验游戏主题的相关布景，包括门牌、标志以及物品柜、操作台等；用品类玩教具包括与职业体验游戏主题相关的诸多用品。例如，以各种商品销售为中心内容投放的商品类玩教具，包括模拟性商品、货物架、收银台、购物篮等；以制作和销售各种饭菜和面点为中心内容投放的餐厅类玩教具，包括各种饭店、快餐店、咖啡店、面包店等，以及模拟食品和制作食品所需的工具、模具。

（二）职业体验游戏玩教具的制作

职业体验游戏玩教具的设计要结合幼儿的年龄特点及生活经验，因为不同年龄段的幼儿对社会中各职业的认知程度不同，所以玩教具设计的内容要由少到多，功能和玩法要由易到难。首先，教师要确定职业体验的主题，了解该职业工作环境的特点，以及工作中涉及的用品，找出具有代表性的物品，将其形象制成模型。其次，针对主题合理选择材料，最好利用幼儿生活中常见的材料。最后，教师在制作中要考虑玩教具的互动性，如增加魔术贴、按扣等能拆卸、安装的材料，还要注意遵照物品的比例进行制作，以保证制作出来的职业体验游戏玩教具形象逼真。职业体验游戏玩教具具体操作步骤如下：

（1）确定职业体验游戏的主题，搜集与主题相关的资料、图片。

（2）绘制图稿，注意布材料的玩教具需要用绘制的平面展开图做纸样进行制作。

（3）准备制作工具和材料，在材料的选择上要结合所制作道具的质感，从而增强体验感。

（4）针对不同制作材料采用相对应的手工制作方法完成玩教具制作。

（5）布置背景，合理安排道具。

（三）职业体验游戏玩教具的应用

职业体验游戏玩教具可以应用于集体教学活动和区域活动。在集体教学活动中，教师利用职业体验游戏玩教具辅助教学，可以增加主题活动的趣味性。职业体验游戏玩教具在区域活动中应用更为广泛，现在许多幼儿园都设置了社会活动区，会放一些买来的成品玩具，但是玩法相对单一。教师可以投放结合本班幼儿的能力发展水平及喜好而自制的互动性较强的职业体验游戏玩教具，并在游戏中增加玩教具的玩法，让幼儿充分感受游戏的快乐，使幼儿在游戏中通过观察和模仿潜移默化地发展社会性。

 案例

视频：
"快乐农夫"
的制作

案例一：快乐农夫

Ⅰ. 设计意图

在菜园里种菜、浇水、施肥、采摘蔬菜，这些都是幼儿喜欢做的事，"快乐农夫"玩教具把"菜园"搬到班级，引导幼儿体验农夫的劳动。在这个场景中，各种农作物、工具都是能进行互动游戏的布艺玩具，例如草莓、茄子采用魔术贴材料，幼儿可以随意采摘，增强趣味性。幼儿还可以利用农场里的玩教具，设计自己喜欢的场景与同伴分享，建立良好的同伴关系。

2. 物质准备

主要工具：铅笔、针、剪刀、酒精胶等。

主要材料：图画纸、不织布、咖啡色绒布、颗粒棉、毛根、铁丝、魔术贴、手缝线等。

3. 制作步骤（图5-26至图5-45）

图5-26

图5-27

图5-26　将咖啡色绒布裁剪成50 cm×40 cm大小相同的4个布块。

图5-27　选取1块布料，采用平针缝的方法，将其缝成长方形口袋，留一边开口，装入颗粒棉后将开口缝合，用同样的方法完成其他3块布料的制作，完成4块"土地"的制作。

胡萝卜平面展开图
图5-28

图5-29

图5-30

图5-31

图5-28　用铅笔在图画纸上绘制胡萝卜平面展开图纸样。

图5-29　用橙色、绿色不织布依纸样分别裁剪胡萝卜的根和叶。

图5-30　先将胡萝卜根部布片对折缝合，填充颗粒棉，然后在顶端用圆形布片将开口盖住，采用斜线缝的方法缝合，完成胡萝卜根部的缝制。

图5-31　将叶子布片对折，缝在根部顶端中心，完成胡萝卜的制作。

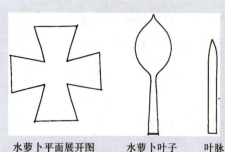

水萝卜平面展开图　　　水萝卜叶子　　　叶脉

图5-32

图5-33

图5-32　用铅笔在图画纸上绘制水萝卜平面展开图纸样。

图5-33　依纸样分别裁剪水萝卜根部和叶子的布片。

图5-34

图5-35

图5-34　缝制水萝卜根部时，要先缝合相邻边，再顶端压褶缝合，最后留一个手指粗的小洞，填充颗粒棉。

图5-35　先将叶脉与叶子底部中心对齐，沿叶脉两侧用平针缝合到叶片上，底部留口，将毛根从留口处插入叶脉里，这样叶子不仅有了支撑还可以变换角度，最后将叶子插入水萝卜根部并缝接好，完成水萝卜的制作。

图5-36

图5-37

图5-36　绘制茄子平面展开图纸样。

图5-37　纸样在上，不织布在下，依纸样分别裁剪叶茎、叶子、花、果实的布片。

图5-38   图5-39

图5-38　将前后两片布片沿边缘缝合，内部填充颗粒棉，完成茄子果实
　　　　的制作。

图5-39　先将叶茎布片对折缝合，底部留口，在留口处插入铁丝，这样
　　　　叶子有了支撑，更逼真形象。

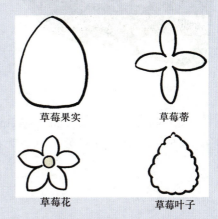

草莓果实　　　　　　草莓蒂

草莓花　　　　　　草莓叶子

图5-40   图5-41

图5-40　先将魔术贴毛面缝在茄子果实的顶端，再将魔术贴勾面缝在叶
　　　　茎上，花用酒精胶粘贴在叶子根部，用毛根缠绕枝干，完成茄
　　　　子的整体制作。

图5-41　绘制草莓平面展开图纸样。

图5-42   图5-43

图5-42   依纸样分别裁剪草莓果实、蒂、花、叶子的布片，再准备几条
10 cm长的绿色毛根作为草莓茎。

图5-43   先在2片草莓果实的布片上用白线缝出果实表面的颗粒，再将
两片果实布片沿边缘缝合并填充颗粒棉，将草莓蒂缝在草莓果
实顶端，完成草莓果实的制作；将草莓叶子每3个一组缝合在
毛根制作的草莓茎上，花缝在叶子中间，将魔术贴毛面缝在草
莓蒂上，勾面缝在叶子上，完成一组草莓的制作。

图5-44

图5-45

图5-44   准备一个60 cm×45 cm的整理箱，并将外部进行装饰。

图5-45   将制作好的土地、蔬菜、水果装入箱中，还可以用不织布制
作太阳、水壶、毛毛虫等小道具，"快乐农夫"玩教具制作
完成。

4. 玩法应用

玩法一：小农夫的快乐一天（适合小班幼儿）

教师将"快乐农夫"玩教具投放到区角中，引导3～4名幼儿模仿农夫的
角色，设定农夫在菜园里浇水、施肥、种菜、采摘蔬菜，使幼儿体验劳动的
快乐，获得采摘果实的满足感。

玩法二：种子快长大（适合中班、大班幼儿）

中大班幼儿在使用"快乐农夫"玩教具进行游戏时，可以选择分类种植
蔬菜，也可以按照植物生长的过程拿着"快乐农夫"玩教具向同伴介绍，例
如，种子种到土里、发芽、开花、结果、成熟、采摘等一系列植物生长顺序
的经验分享，不仅能让幼儿感知植物生长过程中的变化，还能让幼儿感受到
通过努力获得的成就感。

案例二：医疗箱

1. 设计意图

医生是幼儿特别喜欢扮演的角色，幼儿常常模仿医生给病人看病、打
针、开药等。"医疗箱"玩教具能为幼儿开展角色游戏提供物质条件，"医疗

箱"包括体温计、听诊器、输液器、注射器等医疗工具，不仅使幼儿在职业体验游戏中便于操作，也能促进角色之间的交往。

2. 物质准备

主要工具：剪刀、针、直尺、胶枪、热熔胶棒、酒精胶、勾线笔。

主要材料：废旧纸盒、饮料瓶、尼龙绳、不织布、棉花、手缝线、纽扣、魔术贴、超轻黏土。

3. 制作步骤（图5-46至图5-56）

图5-46

图5-47

图5-46　准备一个废旧纸盒做医疗箱。

图5-47　先用蓝色不织布裱糊废旧纸盒的里面、外面，再用红色不织布裁剪一个红十字标志，粘贴在盒子一侧的中心处，完成医疗箱箱体的制作。

图5-48

图5-49

图5-48　用蓝色不织布缝制长12 cm的圆柱，里面填充棉花；前端选取白色不织布圆片，采用缝合的方法封口，后端选取稍大些的蓝色圆片，采用粘贴的方法封口；裁剪长10 cm的白色不织布作为注射器的外衣，将刻度缝在上面，然后用其包裹住蓝色针体后进行缝合，用酒精胶将尼龙绳粘贴在注射器顶部制作针头，完成注射器的制作。

图5-49　选取蓝色、白色、红色、黄色不织布，采用剪裁、缝制、填充、粘贴的方法制成听诊器。

图5-50 图5-51

图5-50 用浅粉色不织布缝制一个一边粗一边细的近似圆柱形，里面填充棉花；粗头部分缝制封口，外面粘贴深粉色不织布装饰，细头部分插入灰色细条不织布，用酒精胶粘牢封口；最后粘贴温度标识，完成温度计的制作。

图5-51 选取灰色、蓝色不织布和纽扣，采用剪裁、缝制、填充的方法，制作剪刀。

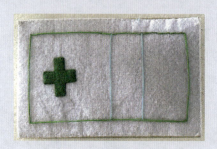
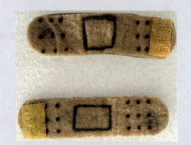

图5-52 图5-53

图5-52 先用白色不织布缝制一个长方形布袋，再用绿色手缝线缝绣装饰线条，最后裁剪绿色十字，用酒精胶粘帖在布袋上方，完成医药袋的制作。

图5-53 将棕色不织布裁剪成创可贴形状，正反面分别缝制魔术贴，用勾线笔画上装饰线条，完成创可贴的制作。

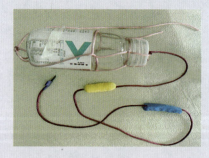

图5-54 图5-55

图5-54　选取两根90 cm长的尼龙绳，采用十字结的编结方法编出血压计的通气管；将灰色不织布裁剪成两块30 cm×12 cm的长方形，分别在布头正反面缝上5 cm长的魔术贴；用红色不织布缝制椭圆形的小球，最后连接组合，完成血压计的制作。

图5-55　选取一根尼龙绳，采用编结的方法将饮料瓶套入其中，用超轻黏土捏制输液控制器、针头，在塑料瓶盖中心扎洞，将尼龙绳插入后打结固定，完成输液器的制作。

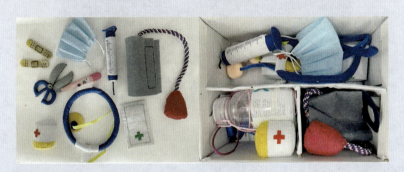

图5-56

图5-56　将各种医疗工具收纳到医疗箱中，完成医疗箱玩教具的制作。

4. 玩法应用

玩法一：我是小医生（适合中班幼儿）

"我是小医生"游戏适合4~5名幼儿一起玩耍，幼儿可以自行选择扮演医生、护士、病人等角色，通过游戏了解医生诊疗的工具及使用方法，加强对医生诊疗过程及医疗常识的了解，使幼儿不再恐惧生病看医生，知道预防生病的简单方法。"我是小医生"游戏不仅可以增进幼儿之间的友谊，而且可以培养幼儿的沟通合作能力。

玩法二：病历记录（适合大班幼儿）

在游戏中幼儿可以把诊疗的过程、诊疗方案用表格的形式记录下来，制作病人病历，提升逻辑思维能力，充满成就感。

三、优秀作品赏析

1. 娃娃家游戏玩教具

"欢乐厨房"玩教具（图5-57）赏析：

"欢乐厨房"玩教具主要包括橱柜、桌椅、炊具、餐具、蔬菜等，为娃娃家游戏提供了丰富的道具。橱柜、桌椅、炊具的主要制作材料是废旧纸盒，制作难度不大，但要考虑橱柜门的开关等功能；餐具、蔬菜的制作材料主要是超轻黏土，在制作时教师

图片：
交往合作类玩教具欣赏

可以考虑与幼儿一起合作完成。

图5-57　欢乐厨房

"我的小屋"玩教具（图5-58）赏析：

"我的小屋"玩教具以包装盒、硬卡纸、不织布、壁纸为主要材料，制作重点在于玩教具结构比例的准确性，制作难点是物品的立体造型，以及物品的组合、叠放，比较考验制作者的空间能力。

图5-58　我的小屋

2. 职业体验游戏玩教具

"甜品店"玩教具（图5-59）赏析：

"甜品店"玩教具在制作时以超轻黏土为主要的制作材料，教师可以与幼儿一起制作甜品屋里的甜品。幼儿在制作玩教具的过程中通过揉、捏等动作锻炼手部肌肉及控制能力。

图5-59　甜品店

"未来科学家"玩教具（图5-60）赏析：

"未来科学家"玩教具设计了做实验用的小道具，如烧杯、试管等，同时也创设了丰富的游戏环境，如吊牌、主题墙、科学知识宣传板等。制作者要结合区域空间进行合理的布局安排。

图5-60　未来科学家

 实训任务

1. 根据案例"我的厨房"的制作方法，自制一件适合小班幼儿的娃娃家游戏玩教具。

2. 根据案例"医疗箱"的制作方法，自制一件适合中班幼儿的职业体验游戏玩教具。

3. 设计并制作一件适合大班幼儿的交往合作类玩教具，并能够根据玩教具的玩法设计一节游戏活动。

提示：游戏活动设计要包括游戏名称、游戏目标、玩教具准备、游戏过程、游戏小结等。以下为参考案例。

游戏名称	吃烧烤
游戏目标	1. 了解烧烤工及服务员的工作内容 2. 能够尊重为大家提供服务的人，珍惜他们的劳动成果 3. 感受与同伴合作游戏的乐趣
玩教具准备	1. 布置"烧烤区"环境，准备游戏的相关物品（图5-61至图5-63） 2. 准备记录用的菜单和进区卡，制订区域规则  图5-61　烧烤区  　　 图5-62　烧烤炉 　　　　　图5-63　烧烤串
游戏过程	1. 创设情景 教师布置环境，播放烧烤的视频 师：小朋友们，你们和爸爸、妈妈去过烧烤店吃烤串吗？你们喜欢吃烤串吗？有什么种类的烤串呢？ 2. 游戏活动——小小烧烤店 教师将幼儿分组，进行角色分配。幼儿可以自行选择扮演顾客、服务员、烧烤工、收银员等角色，也可以由教师指定角色 （1）食材分类 教师出示准备好的食物，请幼儿将食材进行分类 师：今天我们的小小烧烤店准备了丰富的食物，都有什么呢？小朋友来说一说。（幼儿回答）请小朋友们分一分、串一串，将这些食物串成烧烤串

续表

游戏过程	教师与幼儿一起将食材分类，再将食材穿串。教师小结，通过体验活动使幼儿了解烧烤店员工每天都要做清洗、切菜、穿串等大量的工作，也让幼儿知道食物来之不易，需要珍惜 （2）烧烤店开业了 首先顾客来到"烧烤店"，这时服务员拿着"菜单"迎接顾客，并说"欢迎光临"，接着为顾客介绍菜品，请顾客点菜。服务员将顾客点好的菜单交给厨师，厨师按照顾客的菜单烤串，烤好之后服务员端着烤好的串摆放在顾客的桌子上，请顾客品尝。顾客需要注意文明就餐礼仪 3. 收拾整理烧烤店 幼儿合作收拾"吃烧烤"玩教具，放回活动区
游戏小结	在游戏中幼儿通过对不同角色的体验，满足其好奇心，愿意了解餐饮服务行业，感受其职业特点。在区角，幼儿可以自主结伴进行游戏，自己选择扮演的角色，提升语言能力及社会交往能力

第二节　社会适应类玩教具

学习目标

1. 了解社会适应类玩教具及其教育价值。
2. 熟悉社会适应类玩教具的分类。
3. 掌握社会适应类玩教具的制作方法，并能够独立设计、制作社会适应类玩教具。
4. 能够将制作的玩教具应用到幼儿园社会领域的游戏与教学活动中。

　　社会领域的教育具有潜移默化的特点。幼儿社会态度和社会情感的培养应渗透在多种活动和一日生活的各个环节之中。社会适应类玩教具是教师进行社会领域集体教学活动的辅助用具，在其中融入了日常生活中的社会行为规则以及民族文化等，有效利用社会适应类玩教具能帮助幼儿理解社会行为规范，感受到责任感、归属感，提升幼儿的人际交往技能，增强自信心。社会适应类玩教具主要包括爱国、爱家乡主题活动玩教具和社会规则玩教具。

一、爱国、爱家乡主题活动玩教具
　　激发幼儿热爱祖国、热爱家乡的情感是教师的责任。爱国、爱家乡主题活动玩教具是帮助幼儿理解、感受民族情感及文化的玩教具，蕴含着隐形的教育价值。爱国、爱家乡主题活动玩教具是幼儿园中不可或缺的玩教具之一。

（一）爱国、爱家乡主题活动玩教具的分类

爱国、爱家乡主题活动玩教具可以分为爱国主题和爱家乡主题两大类。爱国主题玩教具包括爱祖国、祖国情、家团圆、红色记忆等，玩教具制作可以从地域、民族、文化等方面入手，归纳出最有典型性、代表性的物象进行制作。爱家乡主题玩教具包括家乡美、家乡新变化、家乡情等，教师可以围绕家乡的地理风貌、家乡特产、家乡特色文化等方面设计、制作。

（二）爱国、爱家乡主题活动玩教具的制作

爱国、爱家乡主题活动玩教具的设计要依据主题内容，还要考虑幼儿的认知及社会能力发展水平，最大限度地体现玩教具的教育功能。制作材料要丰富多样，充分利用废旧材料和环保材料，有时也可以采用乡土材料，充分利用家乡的地域资源。在制作过程中要充分考虑玩教具的整体感，造型要美观、色彩要和谐，符合幼儿的审美特点，还要科学、准确地体现主题内容。爱国、爱家乡主题活动玩教具具体操作步骤如下：

（1）确定玩教具的主题，根据主题搜集相关的内容资料。

（2）确定玩教具的形式与功能，选择适合制作玩教具的材料。

（3）结合具体的制作方法，绘制等比例制作图样。

（4）按照图样进行制作、组装、装饰，完成整体玩教具的制作。

（三）爱国、爱家乡主题活动玩教具的应用

爱国、爱家乡主题活动玩教具多应用于集体教学活动及专题活动中。近年来幼儿园越来越重视对幼儿爱国情感、归属感等的培养，在集体教学活动中教师常借助爱国、爱家乡主题的拼图玩教具、棋类玩教具辅助教学。专题活动中一般会设计系列爱国、爱家乡主题玩教具辅助完成活动。例如，弘扬中国传统剪纸文化专题活动就会从中国剪纸发展历程、制作方法、表现形式等方面设计玩教具，帮助幼儿进一步理解专题内容。

 案例

案例一：民族团结一家亲

I. 设计意图

《3—6岁儿童学习与发展指南》要求幼儿要具有初步的归属感，知道自己是中国人，知道自己的民族，知道中国是一个多民族的大家庭。"民族团结一家亲"玩教具，可以帮助幼儿了解我国56个民族的相关知识。玩教具由背景板与少数民族指偶两个部分构成，便于幼儿了解少数民族及少数民族服饰，萌发对祖国的热爱与自豪之情。

2. 物质准备

主要工具： 铅笔、勾线笔、剪刀、针、酒精胶。

主要材料： 图画纸、废旧纸壳、不织布、手缝线。

3. 制作步骤（图5-64 至图5-72）

图5-64

图5-65

图5-64　准备一块废旧纸壳作为背景板，根据纸壳的大小裁剪一块蓝色的不织布粘贴在上面，完成背景板的制作。

图5-65　先在图画纸上画出墙的纸样，依纸样裁剪灰色不织布。

图5-66

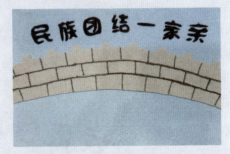

图5-67

图5-66　打印"民族团结一家亲"的字体纸样，依纸样用黑色不织布将文字裁剪好。

图5-67　将剪出的墙的布片和文字用酒精胶粘贴到背景板上，再用勾线笔绘制墙面。

图5-68

图5-69

图5-68   结合少数民族的人物形象，在图画纸上画出人物纸样。
图5-69   依纸样裁剪不织布布片。人物要裁剪两块等大的正面与背面布片。

图5-70   图5-71

图5-70   将人物正面与背面缝合，完成少数民族人物的制作。可以将其
　　　　套在手指上，做成手指布偶。
图5-71   制作多个少数民族人物手指布偶。

图5-72

图5-72   将少数民族人物手指布偶放到背景板上，完成玩教具的制作。

4. 玩法应用

玩法一：猜一猜（适合中班幼儿）

结合集体教育活动主题，将幼儿分成两个小组，一组幼儿使用玩教具中
的少数民族手指布偶，进行角色表演，介绍自己扮演角色的民族特点、衣着
服饰，另一组幼儿猜出对应的民族名称。通过手指布偶的人物形象描述，幼
儿可以了解我国是一个多民族国家，以及我国各民族的特点。

玩法二：演一演（适合大班幼儿）

教师设计"民族团结一家亲"的故事场景，以小故事的形式展开游戏。幼儿用手套指偶在指定背景下进行故事表演，通过游戏幼儿可以了解少数民族的故事，感受少数民族的风俗。

案例二：家乡的龙舟

1. 设计意图

为了让幼儿了解中国传统节日——端午节，懂得端午节的传统习俗，感知家乡的龙舟文化，传承龙舟精神，教师设计了"家乡的龙舟"玩教具。

2. 物质准备

主要工具：铅笔、剪刀、打孔器、直尺、酒精胶。

主要材料：废旧纸壳、图画纸、不织布、棉绳。

3. 制作步骤（图5-73至图5-88）

图5-73

图5-74

图5-73　准备两块60 cm×50 cm大小的废旧纸壳，按照龙头的纸样用铅笔分别在废旧纸壳上绘制出两个龙头。

图5-74　用剪刀沿轮廓线裁剪出龙头图形，制成两块龙头底板。

图5-75

图5-76

图5-75　按照龙头的纸样，裁剪出橙色不织布的龙头图形。

图5-76   将龙头的纸样沿着轮廓线向内缩减1 cm，依纸样裁剪出黄色不
织布的龙头图形；将龙头的纸样再沿着轮廓线向内缩减2 cm，
依纸样裁剪出红色不织布的龙头图形。

图5-77   图5-78

图5-77   将橙色不织布的龙头图形用酒精胶粘贴在底板上。
图5-78   依次粘贴黄色、红色不织布的龙头图形，然后在上面粘贴眼睛。

图5-79   图5-80

图5-79   准备两块60 cm×40 cm大小的废旧纸壳，画上龙尾后将其剪
下，制成两块龙尾底板。
图5-80   先剪出两块橙色不织布的龙尾图形，再用酒精胶将其粘贴到龙
尾底板上。

图5-81   图5-82

图5-81　用橙色、黄色、红色的不织布，制成龙尾图案。

图5-82　将裁剪好的龙尾图案依次粘贴在龙尾上。

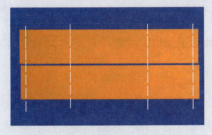

图5-83

图5-84

图5-83　先裁剪两块100 cm×20 cm大小的废旧纸壳，再裁剪两块等大
　　　　的橙色不织布，将两者粘牢，最后按照图片虚线位置做出折
　　　　痕，制作龙舟的船身。

图5-84　准备多色不织布，制作5 cm×5 cm大小的半圆形，作为鳞片。

图5-85

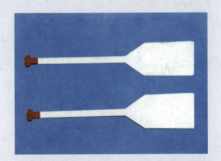

图5-86

图5-85　将裁剪好的鳞片依次用酒精胶粘贴在龙舟的船身上做装饰。

图5-86　用两块100 cm×20 cm大小的废旧纸壳裁剪成船桨的形状，再
　　　　裁剪相同形状的白色不织布粘贴在上面，用褐色不织布装饰把
　　　　手，完成船桨的制作。

图5-87

图5-88

图5-87 先裁剪两块50 cm×20 cm大小的废旧纸壳，再用等大的蓝色不织布进行裱糊，最后在顶端打孔，完成船体内部支撑板的制作。

图5-88 将龙头、龙尾分别安装在船身外部两端，再将支撑板安装在船身内部两端，用打孔穿绳的方式捆扎牢固，完成"家乡的龙舟"玩教具制作。

4. 玩法应用

玩法一：划龙舟（适合中班幼儿）

一名幼儿坐在龙舟内部，利用双脚和腹部移动身体，推动龙舟前进，锻炼幼儿身体与脚部动作的协调性。在划龙舟游戏中，幼儿不仅学习划龙舟的动作要领，进行划龙舟的动作体验，还了解了划龙舟的习俗，萌发爱国主义情感。

玩法二：赛龙舟（适合大班幼儿）

教师将幼儿分成两组，采用接力的方式进行比赛。每组派出两名幼儿站在起点的龙舟里面，幼儿先将支撑板上的绳子放在肩膀上，抬起龙舟，再拿着船桨前行。在前行的过程中，幼儿不能跑步，只能用快走的方法，同时还要注意手臂的动作要领，到指定地点后将龙舟交给另外两名幼儿，以此方法接力前行直至最后两名幼儿到达终点，最快到达终点的一组获胜。通过游戏，幼儿能感受到赛龙舟时的激烈气氛，体会团队合作的精神。

二、社会规则玩教具

社会规则玩教具是为了帮助幼儿了解生活中基本的行为规范，结合社会生活中应该遵守的各种规则设计制作的玩教具。社会生活离不开规则，遵守规则也不仅仅针对成年人，幼儿也要学会遵守基本的行为规范，社会规则玩教具能够以多种方式引导幼儿认识、体验并理解社会生活中的规则。

（一）社会规则玩教具的分类

社会规则玩教具按照社会生活规则可以分为日常生活行为规则类玩教具、交通规则类玩教具、环境保护规则类玩教具。每一大类里面又包含小的分类，例如，日常生活行为规则类包括集体生活规则、公共场所行为规则、就餐规则、竞技规则等。交通规则类包括步行安全规则、乘车安全规则、旅途中交通安全规则等。环境保护规则类包括自然环境保护规则、地球生物保护规则、人类环境保护规则、生态环境保护规则等。

（二）社会规则玩教具的制作

社会规则玩教具在设计方面，应从单一物品入手，循序渐进地扩充内容及拓宽题材，例如，交通规则类玩教具，应从制作红绿灯开始，再到交通标识、行驶路线等。制作玩教具的材料也应丰富多样，多以纸质材料为主，结合布、泥、废旧材料等进行制作。在制作过程中教师还要考虑玩教具的整体效果、尺寸大小、重量等适合幼儿的发展水平，造型、色彩贴近幼儿的审美心理。社会规则玩教具具体操作步骤如下：

（1）确定玩教具主题，根据主题搜集与玩教具制作相关的资料。

（2）确定玩教具样式，依据设计思路，分步绘制图稿。

（3）准备工具和材料，在材料的选择上尽可能开发和利用身边的生活材料。

（4）制作玩教具，采用剪、缝、塑等多种方法进行制作。

（5）书写玩教具玩法说明或使用说明书。

（三）社会规则玩教具的应用

社会规则玩教具可以在社会领域的集体教学活动、区域活动中应用。在区域活动中，社会规则玩教具的投放区域通常不局限于社会学习区域。例如，交通规则类玩教具常常与建构类玩教具相结合，投放到建构区；环境保护规则类玩教具也会与科学类玩教具相结合，投放到科学区；娃娃家区域中也会出现社会规则玩教具；社会规则玩教具有时也应用于环境创设。社会规则玩教具的合理应用不仅能引导幼儿认识、体验并理解社会生活中的行为规则，更能通过游戏学会尊重他人。

 案例

案例一：我会过马路

1. 设计意图

对于幼儿来说，了解基本的交通规则和标志，遵守交通规则是幼儿需要掌握的生活经验。"我会过马路"玩教具可以帮助幼儿了解规则，增强规则意识。为了避免玩教具玩法单一，教师可将数学思维游戏融入其中，既增强了玩教具的趣味性，也加强了多领域的融合。

视频："我会过马路"的制作

2. 物质准备

主要工具：剪刀、胶棒、彩笔、马克笔、直尺、美工刀、刻刀、圆规。

主要材料：废旧纸壳、彩纸、黑白两色卡纸、海绵纸、牙签、毛球。

3. 制作步骤（图5-89至图5-96）

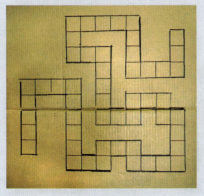

图5-89

图5-90

图5-89　将一个废旧纸箱展开作为底板，在上面用黑色马克笔勾画棋盘
　　　　路线图。

图5-90　先设计棋盘内容，再进行玩教具的整体布局，最后完成图纸绘制。

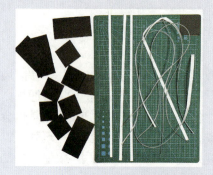

图5-91

图5-92

图5-91　按照图纸中小正方形的数量和尺寸，用美工刀在黑色卡纸上进
　　　　行裁剪，再裁剪白色细条作为道路上的斑马线。

图5-92　用剪刀将彩色打印的标志剪出。

图5-93

图5-94

图5-93　在黑色小正方形卡纸上粘贴标志、白色标记线、箭头、数字等。

图5-94　将黄色海绵纸粘贴到底板上，再将每个小正方形黑卡按照设计
　　　　线路粘贴好，完成路线图的制作。

图5-95

图5-96

图5-95 制作指针转盘：先将白卡纸剪出一个正圆，将其分成6份，用不同颜色彩纸装饰；再用彩笔在白卡纸上画出点数，粘贴到大圆上；在圆心处安上指针并用牙签固定；最后将毛球粘在牙签顶端位置，防止幼儿扎伤。

图5-96 先画出起点和终点，再粘贴说明文字，最后用白卡纸采用绘制的方法制作人物和小汽车，用彩纸采用卷曲、粘贴的方法制作立式交通标志盘，完成"我会过马路"玩教具制作。

4. 玩法应用

玩法一：文明小司机（适合小班幼儿）

幼儿利用玩具小汽车，模拟在道路上开汽车，按照交通标志的提示行驶，比一比谁是最文明的小司机。通过游戏幼儿认识了交通标志，知道交通标志所代表的意义，明白遵守交通规则的重要性。

玩法二：飞行棋（适合中班幼儿）

每两个幼儿为一组，转动指针转盘，按照转盘上的点数前进，遇到交通标志时，要按照交通标志完成动作。例如，遇到禁止行人通行交通标志时暂停一次，遇到人行横道交通标志时前进两格，最先抵达终点的一方获胜。通过游戏幼儿了解了游戏规则的重要性，也可以通过制订游戏规则锻炼思维逻辑能力。

玩法三：机智小司机（适合大班幼儿）

将8名幼儿分成两组，每组选出1名幼儿做司机。司机从起点出发，遇到数字"+1"时，前进一步；遇到数字"-1"时，后退一步。以此类推。1名幼儿负责设置交通标志路障，司机每走3步，将被设置路障一次；另2名幼儿负责记录本组幼儿一共需要走多少步才能到达终点，步数少的小组获胜。通过游戏幼儿可以锻炼逻辑思维能力和社会交往能力。

案例二：环保游戏棋

1. 设计意图

幼儿园会定期开展环保主题活动。在环保主题活动中，玩教具可以辅助幼儿了解环保知识，增强环保意识；幼儿园也会根据园所情况，制订园内的环保规则，要求幼儿遵守。"环保游戏棋"以掷骰走棋的玩法，帮助幼儿了解垃圾种类与垃圾处理方法，分类垃圾桶的作用与类别等，养成垃圾分类的好习惯。

2. 物质准备

主要工具： 剪刀、胶枪、热熔胶棒、胶棒、打孔器、直尺、彩笔、圆规。

主要材料： 彩色卡纸、不织布、超轻黏土、小木棒、纸壳、纽扣、麻绳。

3. 制作步骤（图5-97至图5-110）

图5-97

图5-98

图5-99

图5-97　准备纸壳，用圆规画一个直径约45 cm的圆并沿轮廓线剪裁。

图5-98　将彩色卡纸裁剪成纸片备用，每片为圆形的1/8面积。

图5-99　用胶棒把彩色纸片粘贴到圆形纸壳上，完成底板制作。

图5-100

图5-101

图5-102

图5-100　用黑色卡纸制作2个箭头和1个圆形中心点。

图5-101　先用打孔器打孔，再用麻绳采取穿孔、打结的方法，将箭头和圆形中心点固定到底板上。

图5-102　制作垃圾分类标志，将垃圾分类标志粘贴在圆形底板上，完成"环保游戏棋"玩教具正面制作。

图5-103

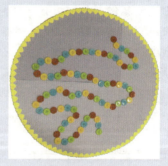
图5-104

图5-103 用灰色圆形卡纸裱糊背板。

图5-104 沿边缘粘贴一圈黄色心形剪纸做装饰。设计一条路线，按照
路线用热熔胶将纽扣连接固定起来，完成路线制作。

图5-105　　　　　　　　　　　图5-106

图5-105 制作不同类型的垃圾图片，并将其粘贴在路线两边。

图5-106 用黄色和红色超轻黏土制作一个骰子。

图5-107　　　　　　　　　　图5-108

图5-107 先剪裁4块10 cm×6 cm的长方形不织布片和1块6 cm×6 cm的
正方形不织布布片，采用缝合的方法制成垃圾桶，打印厨余
垃圾标志并粘贴在垃圾桶表面。

图5-108 按照上一步的制作方法，用不织布制作可回收垃圾桶、有害
垃圾桶、其他垃圾桶。

图5-109　　　　　　　　　　图5-110

图5-109　打印各种垃圾图片，两两相对粘贴到小木棒上，完成垃圾图
　　　　　签的制作。

图5-110　将垃圾图签放到相对应的垃圾桶里，完成"环保游戏棋"的制作。

4. 玩法应用

玩法一：大富翁（适合小班幼儿）

分组游戏，要求幼儿遵守游戏规则。掷骰子，点数正面朝上的骰子数，决定转动转盘的次数；看转盘箭头指向的标志，判断垃圾的种类，找到对应的垃圾桶，完成投放；投放正确的小组前进一步，投放错误的小组后退一步，看哪个小组能最先到达终点。通过游戏，幼儿认识了垃圾分类标志，参与垃圾分类回收实践，感受环保的意义。

玩法二：垃圾分类小能手（适合中班幼儿）

将幼儿分组，进行垃圾分类能手大比拼。出题人1名、裁判3名、每小组参赛选手3名，幼儿可以自行分工选择角色。出题人抽取垃圾图签，参赛选手以抢答的方式将垃圾图签放到对应的垃圾桶里；正确加1分，错误减1分，垃圾图签全部抽完时比赛结束，分数高的小组获胜。通过游戏，幼儿认识了可回收垃圾和不可回收垃圾，并能进行垃圾分类，树立环保意识，养成垃圾分类的良好习惯。

三、优秀作品赏析

l. 爱国、爱家乡主题活动玩教具

"蒙古族人家"玩教具（图5-111）赏析：

"蒙古族人家"玩教具由蒙古包、蒙古族生活物品和服饰等组成，从多角度重现了蒙古族一家人的生活。"蒙古族人家"玩教具以布、绳、木质材料为主，采用缝制、粘贴、填充、装饰等方法进行制作，制作难点在于布的裁剪与缝纫。教师在教学活动中使用该玩教具，可以让幼儿直观感受蒙古族人民的生活，加强对少数民族的了解。

图片：
社会适应类玩
教具欣赏

图5-111　蒙古族人家

"农家小院"玩教具（图5-112）赏析：

"农家小院"玩教具的设计构思来源于东北乡村小院，教师通过对乡村小院周围环境的创设，帮助幼儿了解乡村的日常生活。选材以树枝、麦穗、石头、棉花等天然材料为主，制作的重难点在于材料的剪切和粘贴，由于天然材料的特殊性质，剪切时最好使用专用的园艺剪刀，便于操作；白胶可以粘贴天然材料，粘贴要细致，一层一层整齐地粘在一起。

图5-112　农家小院

2. 社会规则玩教具

"垃圾分类小能手"玩教具（图5-113）赏析：

为了让幼儿从小树立环保意识，增强每个幼儿和家庭对垃圾分类的责任感，教师设计了"垃圾分类小能手"玩教具。该玩教具的制作材料主要利用废旧塑料瓶、易拉罐、纸箱等常见废旧生活用品，让幼儿更直观地感受到废旧生活用品也可以变废为宝。

图5-113　垃圾分类小能手

"小小交通员"玩教具（图5-114）赏析：

"小小交通员"玩教具以不织布为主要材料，整体手感柔软，安全、耐用。该玩教具以小单元拼图的形式呈现，可以让幼儿自己创设场景，拼摆马路走向，增加游戏的趣味性，促进幼儿自主游戏。道路设计是"小小交通员"玩教具制作的重点，考验制作者的整体设计能力。

图5-114　小小交通员

 实训任务

1. 根据案例"家乡的龙舟"的制作方法，自制一件适合小班幼儿的爱家乡主题活动玩教具。

2. 根据案例"我会过马路"的制作方法，自制一件适合中班幼儿的社会规则玩教具。

3. 设计并制作一件适合大班幼儿的社会适应类玩教具，并能够根据玩教具的玩法设计一节游戏活动。

提示：教学活动设计要包括活动名称、活动目标、玩教具准备、活动过程、活动小结等。以下为参考案例。

活动名称	送玩具宝宝回家
活动目标	1. 知道交通标志对机动车的指示意义 2. 能够按照游戏规则进行游戏 3. 愿意遵守交通规则，感受帮助有困难的人的快乐

续表

玩教具准备	1. 准备自制玩教具"热闹的马路"（图5-115） 2. 准备一些小汽车和小布偶 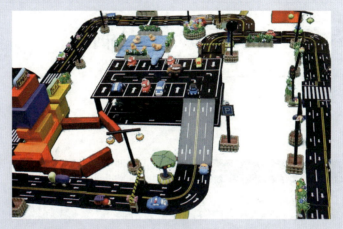 图5-115
活动过程	1. 故事导入 教师讲述玩具宝宝找不到家的故事，以故事导入主题，激发幼儿的兴趣，通过对故事内容的提问，引出小朋友可以帮助玩具宝宝回家的主题 2. 开展游戏——送玩具宝宝回家 教师创设情境，投放玩教具。幼儿观察"马路"上的情况，请幼儿选择路线并按照路线指示和交通标志，把没回"家"的玩具宝宝送回自己的家，然后把车停进停车场，摆放整齐。看看谁是第一个把玩具宝宝送回家的小司机 3. 交流讨论 师：在送玩具宝宝回家的路上，小朋友看到了很多交通标志，大家都知道它所代表的意思吗？在马路上要遵守哪些交通规则？ 幼儿开始交流讨论，教师参与讨论并对交通标志进行总结
活动小结	大部分幼儿能够掌握游戏规则，通过游戏了解交通标志所代表的意义，知道遵守交通规则的重要性，同时也体会到帮助他人的快乐。教师在开展游戏的过程中，要强化规则意识，鼓励幼儿在游戏中遵守游戏规则，使用礼貌用语进行交往，互相谦让，提高幼儿的社会交往能力

第六章 健康领域玩教具制作

学习指导

通过学习本章内容，你可以理解健康领域玩教具的分类，熟悉健康领域玩教具的制作方法，进而能够设计与制作符合幼儿年龄特点的健康领域玩教具。

本章主要包括体育活动类玩教具、健康认知与生活技能训练类玩教具。制作体育活动类玩教具须注意幼儿年龄的差异性，根据幼儿的身体发育特点设计制作玩教具，考虑层次性、情境性以及玩教具玩法的趣味性，多设计能够体现团队合作的玩法，目的在于激发幼儿参与体育活动的积极性，促进幼儿肢体的协调性，培养幼儿的团队合作精神。健康认知与生活技能训练类玩教具在制作时需要注意材料的环保性，以及玩法的多变性，确保幼儿的身体健康与安全，促进幼儿身体肌肉与动作技能的发展。

世界卫生组织认为：健康不仅是躯体没有疾病，还要心理健康、社会适应良好和有道德。健康领域学习的关键在于从身体健康、心理健康两个层面树立正确的健康观念，通过建立良好的师幼关系、同伴关系，让幼儿在集体生活中感到温暖，从而心情愉快，形成安全感、信赖感。在幼儿园健康领域教育活动中，教师为幼儿提供玩教具，与幼儿展开有效互动，可以激发幼儿体育锻炼的兴趣，提升运动能力，建立科学的生活常规，提高对环境的适应能力。健康领域玩教具主要是配合健康教育活动和游戏而设计、制作的玩教具。教师可以根据健康领域教育活动的需要和幼儿发展需求，收集各种材料，进行改造、设计、组合，制作玩教具。本章主要阐述体育活动类玩教具、健康认知与生活技能训练类玩教具的制作。

第一节　体育活动类玩教具

⟫ 学习目标

1. 了解体育活动类玩教具及其教育价值。
2. 熟悉体育活动类玩教具的分类。
3. 掌握体育活动类玩教具的制作方法，并能够独立设计、制作体育活动类玩教具。
4. 能够将制作的玩教具应用到幼儿园健康领域的游戏与教学活动中。

幼儿园体育活动是实施健康教育的主要途径，丰富多彩的体育活动不仅能增强幼儿的体质，提高幼儿对环境的适应能力，而且还能培养幼儿的团队合作精神。体育活动类玩教具的配置是促进健康教育活动目标有效实现的必要条件。体育活动类玩教具可分为投掷游戏玩教具、平衡游戏玩教具和钻爬游戏玩教具三类。

一、投掷游戏玩教具

投掷是综合运用上肢、肩、背、腰、腹、腿等部位并与视觉相互协调配合的运动，是幼儿园常见的运动之一。投掷游戏玩教具是为了提高幼儿的肢体运动能力、促进上肢肌肉发展、增强身体协调性而设计的玩教具。在投掷游戏中，幼儿通过与玩教具的互动，可以促进肌肉发展、锻炼身体的灵活性；也可以培养合作精神，增强敢于挑战自己的勇气。

（一）投掷游戏玩教具的分类

投掷游戏玩教具按照游戏方法可以分为抛投玩教具、接投玩教具、定点投玩教具。抛投玩教具是让幼儿利用上肢肌肉的爆发力尽可能地将玩具抛得更高、更远，从而促进幼儿肌肉的发展；接投玩教具需要幼儿合作完成，一人投、一人接，投得要准，接得要稳，从而锻炼幼儿手、眼的协调性，培养合作精神；定点投玩教具要求幼儿有高度的专注力，动作精确。投掷游戏玩教具也可以按照其制作材质分为纸质投掷玩教具、布艺投掷玩教具、塑料投掷玩教具。纸质投掷玩教具质量较轻但不易保存，适合投放室内游戏区；布艺投掷玩教具材质柔软，适合在户外游戏中使用；塑料投掷玩教具材质较硬，耐磨损、易存放，在使用时应注意检查其安全性。

（二）投掷游戏玩教具的制作

投掷游戏玩教具在设计理念上要从幼儿不同年龄阶段特点出发，在保证幼儿运动安全的前提下，有针对性地发展幼儿大、小肌肉群的运动能力；在选材上要选用轻、柔的材料做投掷物，如不织布、棉布、纸等，这是因为幼儿的年龄小，力量不足，质量较轻的投掷物使他们能比较容易完成动作要求，也会增加幼儿参与游戏的信心和兴趣。这类材质在投掷的过程中也不会伤到幼儿的身体。在制作上，既要注重玩教具的操作性，也要注重玩教具外观的美观性。投掷游戏玩教具具体操作步骤如下：

（1）考察活动空间，根据活动空间的大小、环境形成制作方案。

（2）准备工具和材料，废旧生活材料要清洗、消毒。

（3）制作前要绘制玩教具图稿，标注玩教具的尺寸和颜色；制作时要有步骤地完成，先从个体制作开始再到整体组合结束。

（4）设计玩教具的玩法并编写玩法说明。

（三）投掷游戏玩教具的应用

投掷游戏玩教具对活动空间的要求较为灵活，室内、户外均可。在集体教学活动中，教师可以开展专项投掷训练；在室内、户外活动时，教师可以投放多种投掷游戏玩教具，幼儿选择玩教具进行自主游戏，通过适当的室内、户外投掷游戏，激发幼儿体育锻炼的兴趣，提升运动能力。

 案例

案例一：快乐彩球

1. 设计意图

球是幼儿比较喜欢的一种玩具，球类玩具也是投掷游戏中最为常见的一种运动媒介。"快乐彩球"玩教具制作简单，彩球本身体积较小，适合低年龄段幼儿使用。玩教具设计的意图是通过抛、投、接等动作，提升幼儿手、眼、脑的协调能力，加强上肢的运动能力，提高身体灵活性。

2. 物质准备

主要工具：透明胶带、剪刀。

主要材料：白纸、彩纸、废旧收纳筒。

3. 制作步骤（图6-1至图6-6）

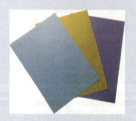
图6-1

图6-2

图6-3

图6-1 准备多张白色和彩色的纸。

图6-2 将白纸用手团成圆形，制成球心。

图6-3 将彩纸团出褶皱后展开，再将白色球心放在彩色褶皱纸的中心。

图6-4

图6-5

图6-6

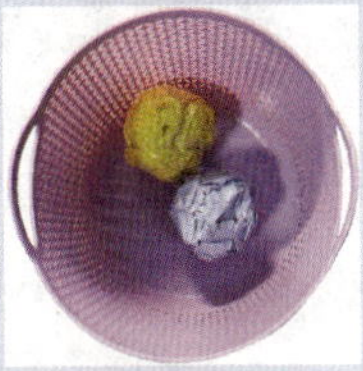

图6-4 用彩色褶皱纸将白色球心包裹成球形，制作彩球。

图6-5 用透明胶带包裹彩球，多缠绕几层使其结实、耐用。使用同样方法制作多个彩球。

图6-6 清理废旧收纳筒，用红、黄、蓝三色彩纸装饰表面，制作球筐，并将多个彩球放于球筐中，"快乐彩球"玩教具制作完成。

4. 玩法应用

玩法一：更高、更远（适合小班幼儿）

选择户外较平坦的空地，准备多个彩球做投掷物。教师在地面标注起点和目标点，两点相距5 m。起点为幼儿站立点，目标点为球筐放置点，球筐只作方向标，帮助幼儿明确投掷方向，不要求将球投入。幼儿站在起点，将彩球用力抛出，尽力抛得高、远。抛球可以促进幼儿上肢肌肉的发展。

玩法二：你来投，我来接（适合中班幼儿）

两名幼儿间距2 m相向站立。一名幼儿抓起彩球抛向对方，另一名幼儿双手拿球筐接球。抛球、接球可以锻炼幼儿的肢体协调能力和对空间距离的判断能力。

玩法三：定位投篮（适合大班幼儿）

准备红、黄、蓝三种颜色的球筐各一个和红、黄、蓝三种颜色的彩球多个。幼儿需要选择一种颜色的彩球投入同一颜色的球筐中（投掷距离为3 m），完成定位投篮游戏。投球可以增强幼儿手臂和上肢的力量，促进幼儿运动能力的发展。

案例二：趣味投壶

1. 设计意图

投壶是中国古代士大夫宴饮时进行的一种投掷游戏，也是一种礼仪。投壶是把箭向壶里投，投得多的获胜。在幼儿园开展投壶游戏不仅能了解中国传统文化，也能促进幼儿动作的发展。"趣

视频：
趣味投壶的制作

味投壶"玩教具可以满足幼儿游戏的需求，训练精准投掷，锻炼幼儿专注力，促进幼儿手、眼、脑的协调发展。

2. 物质准备

主要工具：剪刀、双面胶、透明胶带、美工刀等。

主要材料：木质筷子、包装纸、废旧纸筒、纸杯等。

3. 制作步骤（图6-7至图6-12）

图6-7　　　　　　　　　　图6-8　　　　　　　　　　图6-9

图6-7　准备一个细长的废旧纸筒，用美工刀将纸筒从中间一分为二，作为"壶耳"备用。

图6-8　准备一个较大的纸杯做壶身，将两个"壶耳"用双面胶粘贴在壶身两侧，再用透明胶带缠绕使其固定。

图6-9　准备一根木质筷子和一张包装纸。将包装纸剪成小正方形，用剪刀在一侧剪出细条，不要剪断。

图6-10　　　　　　　图6-11　　　　　　　图6-12

图6-10　将剪裁好的包装纸粘贴在木质筷子较细的一端，制成羽箭的羽毛。

图6-11　用同种方法再制作一层羽毛，完成羽箭制作。

图6-12　制作多个带有双层羽毛的羽箭，将羽箭插入壶中，完成"趣味

投壶"玩教具制作。

4. 玩法应用

玩法一：一箭入壶（适合中班幼儿）

教师设置起投点，起投位置放置整理箱，箱内放10支羽箭，壶放在距离起投点2 m左右的位置。幼儿站立在起投点，单手拿一支羽箭投向壶身或者壶耳。通过投壶游戏，幼儿逐渐熟悉投壶的动作技巧。在投掷的过程中，幼儿手臂肌肉得到锻炼，动作的协调性与精准度得到提高。

玩法二：投壶比赛（适合大班幼儿）

将幼儿分成两队，每队成员有一次投掷的机会。投掷点与壶相距2 m左右，幼儿单手投掷羽箭，投入中间壶身加1分，投入两边壶耳加2分，没投中不加分，最后将全队成员投壶得分加起来，分数最高的队获胜。投壶比赛可以培养幼儿的规则意识，增强团队合作精神，提高参与游戏的兴趣。

案例三：小蝌蚪找朋友

1. 设计意图

幼儿时期需要训练手腕与手指的精细动作，"小蝌蚪找朋友"玩教具通过近距离的投掷，可以提高幼儿的手、眼协调性，锻炼幼儿的空间判断力，促进小肌肉动作的发展。

视频："小蝌蚪找朋友"的制作

2. 物质准备

主要工具：铅笔、剪刀、双面胶、透明胶带、油画棒等。

主要材料：图画纸、彩纸、废旧礼品盒、酸奶盒等。

3. 制作步骤（图6-13至图6-18）

图6-13

图6-14

图6-15

图6-13　准备图画纸，用铅笔绘制小蝌蚪图稿。

图6-14　将纸对折，用剪刀沿轮廓剪出两个等大的小蝌蚪。以同样方法，用彩纸剪出多个小蝌蚪。

图6-15　准备多个酸奶盒，先将同色的小蝌蚪两两相对地粘贴在酸奶盒上，再装饰酸奶盒。

图6-16   图6-17   图6-18

图6-16 准备一个圆形礼品盒，将图画纸剪出与礼品盒等大的圆形。

图6-17 用油画棒在圆形图画纸上绘制小蝌蚪、荷叶、水波纹图案，呈现"池塘"效果。

图6-18 将贴有蝌蚪的酸奶盒用双面胶固定在"池塘"里，用彩纸制作纸球，并用透明胶带缠绕粘牢，完成"小蝌蚪找朋友"玩教具制作。

4. 玩法应用

玩法一：找朋友（适合小班幼儿）

将彩色纸球分颜色装在不同的整理箱中，幼儿选择一种颜色的纸球当作小蝌蚪，站在距离"池塘"盒子0.5 m左右的位置，将手里拿的纸球投入粘贴同一颜色的小蝌蚪酸奶盒中，为手里的纸球找到同一颜色的小蝌蚪朋友。投掷的动作要轻柔，力量不宜过大。幼儿在游戏中能够逐渐熟悉近距离投掷的动作和技巧，手臂与手腕的协调性得到训练，对手臂力度的控制逐渐加强。

玩法二：比一比（适合中班幼儿）

将幼儿分成两队，每队成员只有一次投掷的机会。"池塘"盒子中放入6~8个贴有小蝌蚪的酸奶盒，幼儿选择与小蝌蚪颜色相同的纸球投入其中，最先投中所有小蝌蚪酸奶盒，且颜色对应的一队获胜。这个游戏可以提高幼儿识别颜色的能力和精准投掷的能力，同时培养幼儿的竞争意识与团队精神。

二、平衡游戏玩教具

平衡能力是人在身体运动或静止时保持身体稳定的一种能力，是人体得以站立、行走和保持动作协调的重要保障。幼儿模仿能力强，且身体灵活，幼儿期是发展平衡能力的最佳时期。教师利用身边的材料，制作平衡游戏玩教具，并同时开展游戏活动，对提高幼儿身体灵活性、协调性，促进平衡能力的发展具有重要的作用。

（一）平衡游戏玩教具的分类

平衡游戏玩教具依据运动方式可以划分为行走平衡类玩教具、跳跃平衡类玩教具、侧身翻滚类玩教具，运动的难度是逐渐增加的。行走平衡类玩教具是教师为训练幼儿在行走状态下随时保持平衡而制作的玩教具，如梅花桩、独木桥等。跳跃平衡类玩教具是教师为锻炼幼儿在蹦、跳过程中身体保持平衡的玩教具，如"袋鼠宝宝"。侧身翻滚类玩教具是教师为训练幼儿侧身翻滚动作的平衡而制作的玩教具，如滚筒、滚垫等。

（二）平衡游戏玩教具的制作

平衡游戏玩教具多投放在户外游戏中，在设计上要考虑活动环境和游戏场地的安全性、适宜性、功能性。平衡游戏玩教具虽然以训练幼儿的平衡能力为主旨，但在外观上也应有一些卡通形象的造型来满足幼儿的视觉需求。平衡游戏玩教具具体操作步骤如下：

（1）确定玩教具类型，收集和玩教具类型相关的视频及图片资料。

（2）准备工具和材料，在材料选择上注重安全性与环保性。

（3）进行造型设计，绘制设计手稿，标注玩教具的尺寸及所占用的空间。

（4）先局部制作再整体连接、搭建。

（5）装饰玩教具，使其更有趣味性、艺术性。

（三）平衡游戏玩教具的应用

平衡游戏玩教具主要应用于户外游戏中，幼儿通过操作平衡游戏玩教具可以促进平衡能力的发展，提高身体的协调性和灵敏度。行走平衡类玩教具在幼儿园中应用最广泛，教师可以根据活动空间灵活地规划行走路线，设计玩法，幼儿可以进行分组游戏或集体游戏。

 案例

案例一：熊熊能过独木桥

l. 设计意图

幼儿喜欢单脚或双脚站立在一个树桩或石头上，保持身体平衡，也乐于做一些带有挑战性的动作。教师可以根据幼儿运动发展阶段特点制作如"梅花桩""独木桥"等性质玩教具。"熊熊能过独木桥"玩教具可以丰富平衡游戏的内容，为幼儿提供多种运动体验，激发幼儿的兴趣。

2. 物质准备

主要工具：透明胶带、铅笔、剪刀、双面胶、黑色记号笔、直尺、针、酒精胶、铅笔。

主要材料：废旧纸壳箱、废旧易拉罐、白卡纸、不织布、图画纸、手缝线。

3. 制作步骤（图6-19至图6-29）

图6-19　　　　　　　　　　　　图6-20　　　　　　　　　　　　图6-21

图6-19　准备多个废旧易拉罐，清洗干净。

图6-20　4个易拉罐为一组，用透明胶带捆绑在一起，制成小梅花桩。
　　　　采用同样方法，制作多个小梅花桩。

图6-21　7个易拉罐为一组，用透明胶带粘牢固定，制成大梅花桩。采
　　　　用同样方法，制作多个大梅花桩。

图6-22　　　　　　　　　　　　图6-23　　　　　　　　　　　　图6-24

图6-22　将废旧纸壳箱展开摊平，用剪刀修剪成长方形的纸壳板，上面
　　　　粘贴双面胶备用。

图6-23　用白卡纸裱糊纸壳板表面。

图6-24　用黑色记号笔画出道路标志线，完成独木桥的制作。

图6-25　　　　　　　图6-26　　　　　　　图6-27　　　　　　　图6-28

图6-25 在图画纸上绘制小熊头饰的图稿。

图6-26 依图稿用彩色不织布剪裁小熊身体各部分的布片。

图6-27 用酒精胶将布片粘贴成小熊图案。

图6-28 先用不织布剪出一个长条状的布片，围成一圈用针线缝合，再将缝合后的圆环粘贴到小熊图案背面，完成小熊头饰的制作。

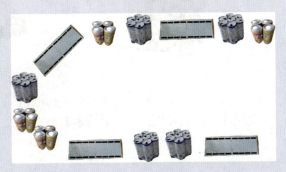

图6-29

图6-29 布置游戏场景，完成"熊熊能过独木桥"玩教具的制作。

4. 玩法应用

玩法一：小熊走梅花桩（适合小班幼儿）

教师将大梅花桩等距离摆放在地面上，梅花桩的间距约为幼儿一步的长度。幼儿戴上小熊的头饰，展开双臂，逐个踩着梅花桩走完全程。这个游戏可以锻炼幼儿的平衡感，提高身体平衡能力，体验游戏的快乐。

玩法二：越过障碍过桥（适合中班幼儿）

教师先将"独木桥"平放在地面上，再将梅花桩等距离放在独木桥的两端（可以大、小梅花桩轮换着摆放），设置过桥的障碍。幼儿需双臂展开，小心通过障碍，通过"独木桥"。设置障碍增加了游戏的难度，进一步锻炼幼儿的肢体协调能力、平衡能力，同时也可以培养幼儿坚强、敢于挑战的品质。

案例二：球球回家

1. 设计意图

"球球回家"玩教具设置障碍，使幼儿手持器物的同时还要保持身体的平衡，使幼儿在运动的过程中掌握身体平衡的技巧。

2. 物质准备

主要工具：手工锯、美工刀、剪刀、彩色胶带、透明胶带、强力胶等。

主要材料：木条、彩色卡纸、废旧纸壳箱、报纸等。

3. 制作步骤（图6-30 至图6-34）

图6-30

图6-31

图6-30 　准备多根木条，分别锯成1 m和15 cm两种长度。

图6-31 　将一根长、一根短的木条用彩色胶带粘接成L形，制成球杆。

图6-32

图6-33

图6-34

图6-32 　准备2个废旧纸壳箱，将1个纸壳箱拆开摊平，变成纸壳板。

图6-33 　先将纸壳板剪切成动物头部形状，再用红色卡纸裱糊，最后采用剪裁、粘贴的方法制作动物的耳朵、眼睛和鼻子。

图6-34 　将另一个纸壳箱正面剪切出半圆形洞口，与动物头部形状吻合，粘贴牢固，完成球门的制作。用报纸、彩色胶带、透明胶带制作多个彩球（制作方法参考案例"快乐彩球"）。

4. 玩法应用

玩法一：一杆进洞（适合中班幼儿）

将彩球放在距离球门约1 m的位置，幼儿用球杆将彩球打入球门中。根据幼儿能力的差异，球与球门之间的距离可适当调整。这个游戏可以促进幼儿观察能力、空间判断能力，以及手、眼、脑协调能力的发展。

玩法二：送球回家（适合大班幼儿）

将彩球放在距离球门约5 m的位置，在球与球门之间设置障碍物（装满沙子的矿泉水瓶），幼儿双手握住球杆，用球杆推动彩球，按照规定路线，绕过障碍物后将彩球送回家。这个游戏可以提升幼儿的身体平衡能力，同时也可以培养幼儿按照指令完成任务的能力。

案例三：袋鼠宝宝

1. 设计意图

"袋鼠宝宝"玩教具既可以是单人游戏，也可进行亲子游戏，可以锻炼幼儿在蹦、跳过程中保持身体平衡，增强幼儿腰腹、四肢的力量。

2. 物质准备

主要工具：剪刀、针、卷尺、酒精胶、铅笔。

主要材料：图画纸、帆布、不织布、手缝线。

3. 制作步骤（图6-35至图6-38）

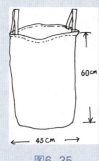  

图6-35 　　　　　图6-36　　　　　图6-37　　　　　图6-38

图6-35　在图画纸上绘制设计图稿。

图6-36　准备帆布，裁剪4块60 cm×45 cm的布片和1块45 cm×45 cm的布片，采用回针缝法进行缝合，制成袋子。注意：一定要多缝几道线，确保玩教具结实、耐用。

图6-37　裁剪2块5 cm×35 cm的布片，对折后缝成条状，再缝到袋子上作为"把手"。

图6-38　选择不织布，采用布贴的方法制作袋鼠图案，将袋鼠图案粘贴到布袋上作为装饰，完成"袋鼠宝宝"玩教具制作。

4. 玩法应用

玩法一：袋鼠宝宝跳一跳（适合中班幼儿）

活动场地要求平坦宽阔。幼儿迈入跳袋中站稳，双手抓起跳袋两端把手向上提，将跳袋完全提至腰部后双脚做袋鼠状跳跃动作，向前跳动。双脚跳跃可以促进幼儿下肢的肌肉发展，训练腿部的弹跳力，用跳袋进行跳跃更能增强幼儿对身体平衡的掌控能力。

玩法二：亲子跳袋游戏（适合大班幼儿）

分队进行比赛。成人拿着较大的袋子站在起点，幼儿拿着较小的袋子站在接力区，听到口令后，成人双脚迅速迈进袋子，然后双手提着把手，跳跃前进，到达接力区后和幼儿击掌，幼儿跳进袋子继续跳跃前进至终点，最先到达终点的一队获胜。亲子跳袋游戏可以增强幼儿的身体平衡能力，促进亲子关系的融洽，培养幼儿的合作精神。

三、钻爬游戏玩教具

钻爬是一种综合性的强体健身运动，有助于视听觉、空间位置感知、平衡感觉等的发育，促进身体的协调发展。钻爬游戏玩教具是为了配合幼儿的钻爬动作练习而制作的玩教具，可以锻炼幼儿双手双膝的爬行动作，促进幼儿四肢运动的协调性与灵活性，提高幼儿对空间位置的感知能力。

（一）钻爬游戏玩教具的分类

钻爬游戏玩教具按其制作的材料可分为布质材料玩教具、管类材料玩教具以及废旧海绵、纸质材料的玩教具。布质材料玩教具多使用耐磨、防雨的尼龙绸布、牛津布材料，质地柔软，可以折叠，便于收纳；管类材料玩教具多使用PVC管，制作步骤简单，便于操作；废旧海绵、纸质材料的玩教具常采用组合式造型，也可以制作多个单独的部分进行游戏，多名幼儿同时游戏。无论哪种材料制作的钻爬游戏玩教具，都要保证幼儿在游戏中的安全。

（二）钻爬游戏玩教具的制作

钻爬游戏玩教具在设计理念上要以安全性为主要前提，不宜有过多的装饰，避免幼儿运动时分散注意力。钻爬游戏玩教具因需要在较大的空间内使用，所以在设计时还应考虑便于携带和收纳，最好设计成可折叠的、组合式的玩教具。钻爬游戏玩教具具体操作步骤如下：

（1）设计玩教具图稿，标明尺寸，考虑容纳幼儿的数量。

（2）准备工具和材料，废旧生活材料需要清洗、消毒。

（3）根据设计图稿的尺寸进行裁切、连接和组合，完成基本造型的制作。

（4）采用适宜的方法装饰玩教具。

（5）编写玩教具使用说明，设计玩教具的玩法并制订相应的规则。

（三）钻爬游戏玩教具的应用

钻爬游戏玩教具多用于户外游戏中，也可以用于幼儿园运动会的比赛中。无论用于哪种活动，都需要地面平坦、空间开阔的场地，教师还要加强对幼儿活动过程的指导，防止游戏活动的失控。钻爬游戏玩教具可以和平衡游戏玩教具组合，进行体能训练，满足幼儿动作发展的需求。在户外活动区使用较大型的钻爬游戏玩教具，多个幼儿一同参与游戏，可以增强幼儿的沟通能力、独立解决问题的能力，也可以激发幼儿挑战困难的勇气。

 案例

案例一：彩虹伞

l. 设计意图

"彩虹伞"玩教具质地柔软，可折叠、可拆卸、可组合，可以丰富钻爬游戏的内容，让更多的幼儿参与其中；给幼儿提供了较大的创新空间，幼儿可以进行自主探索。

2. 物质准备

主要工具：剪刀、直尺、圆规、针、酒精胶。

主要材料：尼龙绸布、魔术贴、黑色不织布、手缝线、空气棒。

3. 制作步骤（图6-39至图6-44）

图6-39

图6-40

图6-39　准备多种颜色的尼龙绸布。

图6-40　将尼龙绸布剪成顶角45°的等腰三角形，三角形的三条边要分
　　　　别缝上魔术贴，用黑色不织布细条在顶角处做装饰线，在装饰
　　　　线下方剪出圆形孔洞，并沿着圆形孔洞的边缘缝上魔术贴。

图6-41

图6-42

图6-41　采用同样方法，完成8个等大的三角形的制作。

图6-43

图6-44

图6-42　利用魔术贴勾面、毛面黏合的功能，将8个三角形黏合成一个圆形的大伞。

图6-43　用尼龙绸布剪出8个圆形布片，边缘缝上魔术贴，中间粘贴上数字1—8。注意：贴数字的圆形布片要比洞口直径长4 cm，便于粘贴魔术贴。

图6-44　将贴数字的圆形布片黏合在大伞的孔洞上，完成"彩虹伞"的制作。

4. 玩法应用

玩法一：打地鼠（适合中班幼儿）

多名幼儿抓住彩虹伞边缘起固定作用，8名幼儿在彩虹伞下面钻爬，随意选择洞口钻出来，教师手持空气棒轻打钻出洞口的幼儿，幼儿及时躲闪，进行打地鼠游戏。这个游戏可以锻炼幼儿全身的运动能力，增强动作的灵活性；躲闪空气棒可以锻炼幼儿的反应能力、身体的灵活性。

玩法二：寻宝（适合大班幼儿）

教师将贴有数字的圆形布片作为"宝贝"粘贴在彩虹伞的下面，多名幼儿抓住彩虹伞边缘，8名幼儿钻进伞面下方寻找里面的宝贝，并将找到的宝贝按照数字的排列顺序粘贴到圆形洞口。这个游戏可以发展幼儿的肢体协调能力，在寻宝的过程中培养幼儿细心观察的能力和数字排序的能力。

案例二：钻、爬隧道

1. 设计意图

"钻、爬隧道"玩教具的设计意图是通过钻、爬的全身运动，锻炼幼儿的身体协调性与身体各部位的肌肉。通过团队竞赛环节的设计，培养幼儿相互鼓励、共同挑战困难的合作精神。

2. 物质准备

主要工具：手工锯、红色胶带。

主要材料：PVC管、各种形状的PVC管接头。

3. 制作步骤（图6-45至图6-50）

  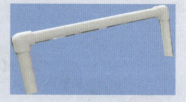

图6-45　　　　　　　　图6-46　　　　　　　　图6-47

图6-45　准备多根PVC管。

图6-46　准备L形接头和T形的三通接头。

图6-47　将PVC管割断，用L形接头将PVC管连接成U形待用。

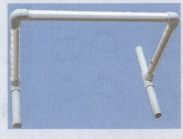 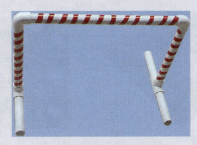 

图6-48　　　　　　　　　　　　图6-49　　　　　　　　　　图6-50

图6-48　准备4根PVC短管，运用T形的三通接头，下端分别插入2根
　　　　　PVC短管，上端与U形管组合连接并固定。

图6-49　运用红色胶带缠绕PVC管，完成装饰，制作完成一个基础
　　　　　元件。

图6-50　制作多个基础元件，一字排开，形成钻、爬隧道。

4. 玩法应用

玩法一：钻洞洞（适合小班幼儿）

将一个基础元件放在地面上作为障碍物，幼儿通过双手、双肘、双膝的相互配合，爬行钻过障碍物，锻炼幼儿四肢的肌肉。

玩法二：钻隧道（适合中班幼儿）

将多个基础元件，呈"一"字形排开，形成钻爬隧道。幼儿从一端钻爬到另一端。钻爬隧道的游戏可以锻炼幼儿全身肌肉，发展四肢的协调能力。

玩法三：突击队（适合大班幼儿）

布置两个钻爬隧道，幼儿分成两队，每队6名幼儿，要求每队幼儿按顺序钻、爬过隧道，在整个爬行的过程中，不能碰到PVC管架子，最先完成任务的一队获胜。这个游戏可以培养幼儿的团队合作意识，激发幼儿的挑战精神。

案例三：百变魔垫

1. 设计意图

泡沫地垫色彩鲜亮，质地柔软，幼儿喜欢在上面玩耍。教师根据幼儿的喜好，利用废旧的泡沫地垫设计"百变魔垫"玩教具，该玩教具拼接方便、玩法多样，十分贴近幼儿的生活。利用该玩教具进行游戏不仅能增强幼儿的环保意识，而且能锻炼幼儿的钻爬动作。

2. 物质准备

主要工具：剪刀、打孔器、酒精胶、气眼扣工具。

主要材料：废旧泡沫地垫、气眼扣、不织布、棉绳。

3. 制作步骤（图6-5l 至图 6-56）

图6-51　　　　　　　　　　图6-52　　　　　　　　　　图6-53

图6-51　准备多个废旧泡沫地垫，清洗后裁剪成正方形。

图6-52　用打孔器在泡沫地垫上均匀打九个圆孔。

图6-53　准备气眼扣工具和多个气眼扣。

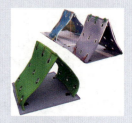

图6-54　　　　　　　　　　图6-55　　　　　　　　　　图6-56

图6-54　用气眼扣工具将气眼扣固定在泡沫地垫的圆洞上，将不织布裁剪成条形，采用粘贴的方式将泡沫地垫的四条边包好。

图6-55　用同样方法，完成多个泡沫地垫的制作。

图6-56　准备棉绳，采用打结的方法将多个泡沫地垫连接起来，完成玩教具的制作。（注：变换连接方法能组成多种玩教具造型。）

4. 玩法应用

玩法一：毛毛虫（适合小班幼儿）

将百变魔垫连接成一个圆筒形，幼儿模仿毛毛虫的样子，前后钻爬，或者在圆筒中间带动百变魔垫左右翻滚。这个游戏可以训练幼儿运用肘部、膝盖带动地垫向前或倒退爬行的动作，提高身体的协调性。

玩法二：钻山洞（适合中班幼儿）

将百变魔垫连接成一排，形成"山洞"。多名幼儿排成一排，一个接着一个爬行钻过山洞。通过游戏，幼儿体验多人共同完成任务的快乐，在锻炼身体的同时培养幼儿的谦让精神。

四、优秀作品赏析

1. 投掷游戏玩教具

"迷你小靶场"玩教具（图6-57）赏析：

"迷你小靶场"玩教具采用帆布、麻绳、奶粉桶、PVC管等生活中的废旧材料，材料丰富、色彩明快，可以使幼儿产生亲切感。该玩教具的主要功能是让幼儿通过投掷游戏提高身体的协调性。制作过程中靶盘的圆环绘制要均匀、准确，投掷的彩球弹性不宜过大，PVC管的支架要连接牢固、平稳。

图片：
体育活动类玩
教具欣赏

图6-57　迷你小靶场

"魔法篮"玩教具（图6-58）赏析：

"魔法篮"玩教具采用木板、金属环、塑料网等材料。制作的重点是投篮器和篮筐位置、高度的设计。篮筐的位置需要制作者反复实验和调整。制作的难点是投篮器杠杆的制作，是否能够灵活地将瓶盖弹射到指定位置。

图6-58　魔法篮

2. 平衡游戏玩教具

"平衡踏板"玩教具（图6-59）赏析：

"平衡踏板"玩教具采用木板、鞋带、彩色卡纸等材料。制作的重点是鞋印和鞋绳，鞋印要左右对称、大小一致；鞋绳的长度要适合幼儿鞋的大小。制作的难点是两个木板上左右鞋印的位置要准确，鞋绳要保证牢固，因为在游戏中如果鞋绳脱落会有安全隐患。

图6-59　平衡踏板

"小小高尔夫"玩教具（图6-60）赏析：

"小小高尔夫"玩教具是高尔夫球场的缩小版，对球道、球洞、球杆、分数牌都进行了精巧的设计，造型精致，色彩搭配简洁、舒适。该玩教具的制作重点在于球洞下方盒子内纸壳遮板与地面的坡度设计，要能够将打进洞的球及时地滚落到游戏者脚印处盒子的边缘，方便再次游戏。

图6-60　小小高尔夫

3. 钻爬游戏玩教具

"彩虹隧道"玩教具（图6-61）赏析：

"彩虹隧道"玩教具采用废旧纸壳、彩纸、不织布等材料。制作重点是隧道的圆弧形设计，制作难点是每节隧道的宽度和弧度大小都要与幼儿身高相符合。隧道的外观制作要注意细节，边条粘贴整齐，颜色明快。

图6-61 彩虹隧道

"钻山洞"玩教具（图6-62）赏析：

"钻山洞"玩教具采用废旧水桶和PVC管等材料。制作重点是废旧水桶穿孔的大小及位置的确定，小孔要两两对应，高度一致。制作难点是PVC管穿过两个水桶的小孔后，管子与地面能够保持水平。通过PVC管横穿水桶上不同高度的小孔调整游戏的难度是此玩教具设计的新颖之处。

图6-62 钻山洞

 实训任务

1. 根据案例"熊熊能过独木桥"的制作方法，自制一件适合小班幼儿的平衡游戏玩教具。

2. 根据案例"百变魔垫"的制作方法，自制一件适合中班幼儿的钻爬游戏玩教具。

3. 设计并制作一件适合大班幼儿的体育活动类玩教具，并能够根据玩教具的玩法设计一节游戏活动。

提示：游戏活动设计包括游戏名称、游戏目标、玩教具准备、游戏过程、游戏小结等。以下为参考案例。

游戏名称	调皮的小熊
游戏目标	1. 了解投掷方法，知道游戏的规则 2. 能够手眼协调地进行4 m左右距离的投掷，动作协调灵活，尝试创新游戏玩法 3. 愿意参加投掷游戏，体验投掷运动的快乐
玩教具准备	1. 准备自制小熊投掷玩具（图6-63） 2. 准备多个彩球（图6-64）、彩色套圈（图6-65）、记分牌  图6-63　小熊投掷玩具  图6-64　彩球 　　　　　　图6-65　彩色套圈

续表

游戏过程	1. 体验投掷、套圈动作的方法 师：请小朋友们看一下这段视频（幼儿投掷彩球、套圈的视频），看看这位小朋友是如何与这只调皮的小熊做游戏的？ 师：现在请小朋友来做一做，体会一下如何投掷彩球和套圈。（幼儿初步体验投掷动作和套圈动作） 2. 投掷游戏 （1）投球入篮。在户外开展游戏。幼儿站在距离小熊投掷玩具4 m左右的位置，尝试一只手轻握彩球，运用大臂带动小臂，用力将手里的彩球投向小熊投掷玩具两边的任意一个篮筐里，完成投球入篮的动作。每名幼儿每次可连续投掷3次 （2）套圈比赛。在室内开展小组竞赛类游戏。幼儿分组，每组6人。幼儿站在距离小熊投掷玩具3 m左右的位置，一只手轻握彩色套圈，将彩色套圈抛出后套住小熊的脖子，套中一个套圈得1分，未套入不得分。组内6名幼儿共同的得分作为本组总分，最后计算得分，最高分的一组赢得此次比赛 （3）抛球过洞。在室内开展游戏。幼儿站在距离小熊投掷玩具2 m左右的位置，一只手轻握彩球，眼睛看准小熊投掷玩具中间的圆洞，手臂由下向上运动，抛出彩球，将彩球从前后两个圆洞中间穿过，完成抛球过洞的动作 3. 游戏结束 教师先带领幼儿进行放松活动，再帮助幼儿整理游戏器具
游戏小结	在游戏过程中，投球入篮较为简单，大多数幼儿能够按照要求准确地完成动作，游戏的积极性很好；套圈比赛可以进一步强化幼儿抛投动作的技巧，同时也可以激发幼儿的团队精神；抛球过洞的动作设计较难，部分幼儿由于抛掷的高度调整得不够准确，抛出的彩球不能同时穿过两个圆洞，需要在教师的指导下多次练习后才能完成这个动作

第二节　健康认知与生活技能训练类玩教具

健康是指人在身体、心理和社会适应方面的良好状态。幼儿阶段是身体发育和机能发展极为迅速的时期，也是形成安全感和乐观态度的重要阶段。《3—6岁儿童学习与发展指南》指出："良好的生活习惯和基本生活能力是幼儿身心健康的重要标志，也是其他领域学习与发展的基础。"在健康领域的游戏和活动中，健康知识学习和生活技能训练都是不可或缺的重要内容。教师利用健康认知与生活技能训练类玩教具进行教学，可以帮助幼儿了解生活中的一些健康知识，懂得如何爱护自己的身体，培养幼儿的自理能力和简单的劳动技能。

一、健康认知类玩教具

健康的身体对于幼儿的成长来说至关重要，科学地渗透卫生保健的相关知识是增强幼儿健康意识的必要措施。健康认知类玩教具是为配合健康领域活动而设计、制作的玩教具，其目的是帮助幼儿更深入地认识自己的身体，了解基本的卫生保健知识。幼儿通过操作健康认知类玩教具，知道身体健康的重要性和如何去爱护自己的身体。

（一）健康认知类玩教具的分类

健康认知类玩教具大致分为两类：身体器官认知类、卫生保健常识类。身体器官认知类玩教具是让幼儿直观地认识眼、耳、鼻等感觉器官和肝、胃等内脏器官的玩教具，如五官拼图、身体器官立体书、身体器官模型等。卫生保健常识类玩教具主要是让幼儿了解预防疾病、营养膳食、意外事故等生活中常用健康知识的玩教具，如卫生保健知识挂图、互动式布图书、环境模拟盒子等。

（二）健康认知类玩教具的制作

健康认知类玩教具在设计理念上要注重玩教具的教育性、科学性和发展适宜性，要注重保留幼儿自主探究的空间；在材料的选择上尽量要丰富，注重材料的环保性；在制作上，要注重玩教具外观的形象性和艺术性，特别是身体器官认知类玩教具的制作要直观，增强幼儿的体验感。健康认知类玩教具具体操作步骤如下：

（1）根据主题搜集相关的图片资料。

（2）构思设计，绘制图稿。

（3）准备工具和材料，根据材料的特性选择相应的制作方法。

（4）调整玩教具的整体造型。

（三）健康认知类玩教具的应用

健康认知类玩教具常用于幼儿园的集体教学活动、游戏活动和区域活动中。在教学活动中教师可以讲解、展示身体器官认知类和卫生保健常识类玩教具；在游戏活动中，幼儿可以动手操作身体器官认知类玩教具，通过观察和触摸，幼儿可以更为直观地认识和了解人体器官，从而加深对自己身体的认识。在区域活动中投放卫生保健常识类玩教具，可以帮助幼儿巩固卫生保健知识，将卫生保健贯穿于幼儿的一日生活之中。

 案例

案例一：五官拼图

1. 设计意图

低年龄段幼儿对五官的结构及外形特征、功能等的认识还不够清晰，需要通过较为直观的图形或实物帮助记忆和理解。"五官拼图"玩教具可以帮助幼儿直观感受面部器官，在操作玩教具的过程中，熟悉五官的位置，逐步了解五官的功能及作用，探讨男孩和女孩头发、衣着的特征，提高爱护身体的健康意识。

视频：
五官拼图的制作

2. 物质准备

主要工具：剪刀、铅笔、水彩笔、勾线笔、调色盘、直尺、双面胶等。

主要材料：8开水彩纸、水彩颜料。

3. 制作步骤（图6-66至图6-72）

图6-66

图6-67

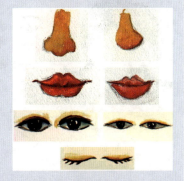
图6-68

图6-66 用铅笔在水彩纸上绘制人物轮廓图。

图6-67 先用水彩笔蘸水彩颜料在脸部涂颜色，再用黑色勾线笔画出轮廓，完成人物头部底板制作。

图6-68 用铅笔和水彩颜料在水彩纸上绘制出多种不同特征的鼻子、嘴、眼睛。

图6-69

图6-70

图6-69 用铅笔和水彩颜料在水彩纸上分别绘制男孩、女孩的头发造型。

图6-70 用同样的方法绘制男孩、女孩的服饰造型。

图6-71

图6-72

图6-71 用剪刀沿绘制造型的边缘剪出头发、眉毛、鼻子、眼睛、嘴和服饰，并将其作为五官拼图的图片。

图6-72 将五官拼图图片拼摆在头部底板上，完成"五官拼图"玩教具制作。

4. 玩法应用

玩法一：拼拼看（适合小班幼儿）

在健康领域的教学活动中，教师先介绍五官的位置及特点，然后，幼儿观察同伴的五官。教师投放"五官拼图"玩教具，幼儿自由拼摆。拼摆五官的游戏可以加深幼儿对五官的认知，知道每个人都有不同特征的五官。

玩法二：猜猜看（适合中班幼儿）

教师将幼儿分组，每组2人。一名幼儿根据男孩和女孩发型、衣着服饰的特点自由拼图，另一名幼儿猜一猜拼摆好的图像是男孩还是女孩，并说出判断的理由。这个游戏可以帮助幼儿加强对性别的认知。

案例二：气象小站

1. 设计意图

幼儿自己掌握一些生活中的卫生保健常识如知道随着周围天气的变化而随时增减衣物，做好防寒、防晒保护，是防止生病的最有效方法。"气象小站"玩教具可以帮助幼儿了解在不同的天气状况下如何进行自我保护，从而提高幼儿对外界环境的适应能力。

2. 物质准备

主要工具：剪刀、铅笔、针、酒精胶、直尺。

主要材料：4开白卡纸、不织布、手缝线、收纳盒。

3. 制作步骤（图6-73至图6-81）

 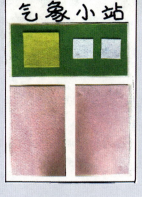 

| 图6-73 | 图6-74 | 图6-75 |

图6-73 准备一张4开白卡纸，用铅笔绘制"气象小站"的区域划分图。

图6-74 将不织布按照区域划分图剪裁成布片，粘贴在白卡纸上。

图6-75 先在不织布上书写文字，再用剪刀沿文字轮廓剪裁不织布，最后用酒精胶粘贴，制作"气象小站"玩教具的文字部分。

图6-76　　　　　　　　图6-77　　　　　　　　　　图6-78

图6-76　剪出代表不同天气的图形，用针线缝制在白色方形不织布上，完成天气图标的制作，将其放入收纳盒中备用。

图6-77　剪出负号"−"和0~9的阿拉伯数字，放入收纳盒。

图6-78　选取不织布，采用剪裁、粘贴的方法制作帽子、围巾、衣服、裤子、裙子、雨伞、雨靴等，放入收纳盒。

图6-79　　　　　　　　　　图6-80　　　　　　　图6-81

图6-79　用不织布制作人物的造型，并粘贴在"穿衣指数"区域的位置。

图6-80　用不织布制作笑脸和哭脸的表情图标。

图6-81　完成"气象小站"玩教具的制作。

4. 玩法应用

玩法一：你说我找（适合中班幼儿）

将幼儿分组，每组2人。一名幼儿说出一种天气的状态，另一名幼儿在收纳盒中找出与之对应的天气图标。这个游戏可以帮助幼儿识别不同天气状态所对应的天气图标，增强对图形的识别能力。

玩法二：给宝宝穿衣服（适合大班幼儿）

幼儿2人为一组，一名幼儿说出天气的温度，如−5℃，并在收纳盒中找到对应的符号和数字摆放在"气象小站"玩教具的气候区域；另一名幼儿根据气候区域的信息找出宝宝应该穿戴的服饰，并摆放在"穿衣指数"区域。通过游戏，幼儿进一步认识到如何根据天气的冷暖变化增减衣物，丰富了幼儿防暑、防雨、防寒的生活经验。

二、生活技能训练类玩教具

生活技能的培养是幼儿园教育的重要职责，生活技能训练类玩教具主要是教师根据幼儿发展特点制作的用于幼儿基本生活技能训练的玩教具。在幼儿园教学活动中，教师采用具有趣味性的生活技能训练类玩教具，可以引导幼儿自主探究，提升生活自理能力。幼儿在操作玩教具的过程中，不断提升动手能力和解决问题的能力。

（一）生活技能训练类玩教具的分类

生活技能训练类玩教具从幼儿生活自理能力的角度划分，可以分为就餐技能训练玩教具、穿衣技能训练玩教具、洗漱技能训练玩教具等。就餐技能训练玩教具还可以细分为食品模型玩教具、模拟餐台、就餐器具模型等；穿衣技能训练玩教具可细分为穿衣换装玩教具、系鞋带玩教具等；洗漱技能训练玩教具可细分为模拟洗漱台、洗漱器具模型、牙齿模型等。无论哪种类型的生活技能训练类玩教具，其教育目的都是帮助幼儿掌握正确的生活技能，提高自我服务能力。

（二）生活技能训练类玩教具的制作

生活技能训练类玩教具在设计意图上重点考虑教育价值和对幼儿自理能力的提升意义。在材料的选择上要注重丰富性，以生活中的废旧材料为主。在制作上要多考虑玩教具的延展空间，能够逐步增加玩教具的难度，使幼儿在有趣的挑战中不断提高动手操作能力。生活技能训练类玩教具具体操作步骤如下：

（1）根据设计意图搜集相关的图片资料，绘制图稿。

（2）准备工具和材料，将废旧生活用品作为玩教具制作的主要材料。根据绘制图稿对材料进行剪裁或切割。

（3）选择适合的制作方法进行加工。

（4）调整玩教具的整体造型，可适当添加装饰物。

（三）生活技能训练类玩教具的应用

生活技能训练的主要目的是提高幼儿各项生活技能。在集体教学活动、区域活动中都可以投放此类玩教具。在集体教学活动中，教师可以将玩教具作为展示物，进行讲解。在区域活动中，幼儿可以动手操作玩教具，熟悉各项生活技能；还可以和其他领域玩教具结合使用，不仅能丰富游戏的内容，而且能帮助幼儿掌握多项技能。如教师创设饺子馆环境，投放模拟餐台及饺子、蔬菜等模型，幼儿可以扮演角色，选用玩教具自主游戏。在此过程中，一方面强化幼儿的生活技能训练，另一方面培养幼儿的语言能力，促进社会性发展。

视频：
神奇魔方的制
作

案例一：神奇魔方

1. 设计意图

系鞋带、扣扣子、拉拉链等都是幼儿应该掌握的基本生活技能。"神奇魔方"玩教具能够对幼儿进行生活技能训练，培养幼儿的生活自理能力。该玩教具主要选取花棉布和颗粒棉等作为制作材料，制作成大正方体，正方体的六个面分别设计六种不同的技能训练。通过游戏幼儿可以提高动手能力和生活自理能力。

2. 物质准备

主要工具：剪刀、针、直尺、铅笔、酒精胶。

主要材料：图画纸、花棉布、不织布、毛线、手缝线、颗粒棉、纽扣、按扣、鞋带、拉链、腰带卡扣。

3. 制作步骤（图6-82至图6-91）

图6-82

图6-83

图6-82　准备多块花棉布、不织布、手缝线等材料。剪出6块大小相同的方形布片作为底面。

图6-83　用铅笔在图画纸上画出设计图稿。

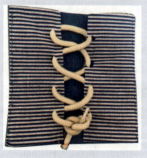

图6-84

图6-85

图6-84　用条形棉布剪出2片长方形布片，将其一侧缝到底面上；另一
　　　　侧打孔，穿上鞋带，完成系鞋带技能训练面的制作。

图6-85　先用格子棉布剪成蝴蝶的形状，再从中间剪开安上拉链，最后
　　　　缝制到底面上，完成拉拉链技能训练面的制作。

图6-86　　　　　　　　　　　　　　　图6-87

图6-86　将红、橘、黄三色不织布剪成五角星形，在中心位置剪一小
　　　　口，锁边缝制扣眼，在底面布片上缝纽扣，完成系纽扣技能训
　　　　练面的制作。

图6-87　先用紫色不织布剪出2片长方形布片，将其一侧缝到花布底面
　　　　上，将腰带卡扣的两端分别缝制在长方形布片上，完成系腰带
　　　　技能训练面的制作。

图6-88　　　　　　　　　　　　　　　图6-89

图6-88　先将方形不织布对角折，用剪刀沿折线剪开，再将3对按扣分
　　　　别缝制在剪开的不织布上，将扣子扣合，用碎花布装饰，最后
　　　　将其缝制在底面上，完成扣扣子技能训练面的制作。

图6-89　先将红色毛线剪成30 cm长的50根毛线段，在中间处用手缝线
　　　　将毛线段缝合在方形不织布上，作为小女孩的头发，并将头
　　　　发编成辫子；再用黑色、红色不织布分别剪出小女孩的眼睛和

嘴，粘贴到方形不织布上；最后将方形不织布缝在底面上，完成编辫子技能训练面的制作。

图6-90

图6-91

图6-90、图6-91   将6块制作好的方形底面缝合在一起，并填充颗粒棉，完成"神奇魔方"玩教具的制作。

4. 玩法应用

玩法一：扣扣子（适合中班幼儿）

幼儿左右手分别抓住按扣两边，将扣子对准，用力扣合完成扣扣子。通过反复练习幼儿可以学习如何扣扣子，在生活中减少穿、脱衣服的时间，同时提高手眼协调性。

玩法二：拉拉链（适合中班幼儿）

幼儿先将拉链底端对齐，由下向上拉动拉头，学习拉拉链的方法，提高幼儿穿衣服、整理书包的生活自理能力。

玩法三：系腰带（适合中班幼儿）

幼儿将腰带卡扣相对，按住卡扣两端的按钮，用力按下，将腰带系好，注意不要夹到手指。通过反复练习，幼儿可以学会如何系腰带、系书包卡扣，增强生活自理能力。

玩法四：系纽扣（适合大班幼儿）

幼儿将纽扣穿过扣眼，完成系纽扣的动作。通过反复练习，幼儿可以学会如何系纽扣，提高生活自理能力；同时也提高幼儿手指的灵活度，促进小肌肉的发展。

玩法五：系鞋带（适合大班幼儿）

幼儿选择一根鞋带，将鞋带以交叉的方式穿过每一个孔，然后在结尾处打结，可以尝试多种打结方法。通过反复练习，幼儿可以锻炼手指的灵活度，增强自我服务的能力。

玩法六：编辫子（适合大班幼儿）

幼儿按照扎辫子和编辫子的步骤给玩偶小女孩梳头发，提升手指的灵活度；还可以学习扎辫子和编辫子的正确方法，提高生活自理能力。

案例二：清理牙齿

1. 设计意图

幼儿学会正确的刷牙方法可以保持口腔内的卫生并起到保护牙齿、预防龋齿的作用，促进牙齿的健康。"清理牙齿"玩教具让幼儿通过轻松、有趣的操作，掌握正确的刷牙方法，培养保护牙齿的健康意识，养成早晚刷牙的良好卫生习惯。

视频："清理牙齿"的制作

2. 物质准备

主要工具：剪刀、铅笔、双面胶、热熔胶棒、胶枪等。

主要材料：白卡纸、不织布、废旧瓶盖、纸壳、皱纹纸、超轻黏土、牙刷等。

3. 制作步骤（图6-92至图6-99）

图6-92

图6-93

图6-92　准备工具和材料。

图6-93　用铅笔在白卡纸上画出口腔外形，将纸壳放置在白卡纸下方，沿口腔外形轮廓剪下，并用双面胶粘贴。白卡纸做口腔表面，纸壳做口腔内面。

图6-94

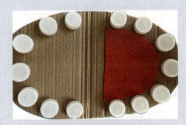

图6-95

图6-96

图6-94　将红色不织布剪成比口腔外形小一点的半圆形，粘贴在口腔内面，作为舌头。

图6-95　准备14个白色瓶盖，用热熔胶将其均匀地粘贴在口腔内面，作为牙齿。

图6-96　准备绿色皱纹纸，并手撕成多个不规则的小片备用。

图6-97　　　　　　　　图6-98　　　　　　　　图6-99

图6-97　将撕碎的绿色皱纹纸片塞在牙齿的缝隙中，制作上牙齿之间的
　　　　残余菜叶。

图6-98　用同样方法制作下牙齿之间的残余菜叶。

图6-99　使用超轻黏土，揉搓成圆形、长条形，并粘贴在牙齿、牙缝
　　　　上，制作口腔中的细菌，完成"清理牙齿"玩教具的制作。

4. 玩法应用

玩法一：牙齿清洁工（适合小班幼儿）

"清理牙齿"玩教具可放在生活区，供幼儿自主游戏使用。幼儿先观察
玩教具的口腔中有无异物，然后使用牙刷，运用正确的刷牙方法给牙齿和口
腔做清理。这个游戏可以帮助幼儿熟悉刷牙的方法，同时也可以加深幼儿保
护牙齿的健康意识。

玩法二：小小宣讲员（适合中班幼儿）

分组游戏。4人一组，一名幼儿作为保护牙齿的宣讲员，使用"清理牙
齿"玩教具并展示正确的刷牙方法和步骤，讲解天天刷牙对身体的好处，其
他幼儿作为听众，对宣讲员进行点评。4名幼儿轮流作宣讲员为大家演示和
讲解。这个游戏可以锻炼幼儿的语言表达能力，知道保护牙齿的重要性，养
成清洁牙齿的好习惯。

三、优秀作品赏析

I. 健康认知类玩教具

"健康餐桌"玩教具（图6-100）赏析：

"健康餐桌"玩教具主要采用海绵纸、超轻黏土、不织布、豆子、泡沫板等制
作材料。超轻黏土、泡沫板可塑性强，可以制作玩教具的立体元件。该玩教具的主要功能是让幼儿认识生活中常见的蔬菜、水果、饮品等，了解哪些是健康食品，哪些食品吃多了会生病。制作食品玩教具的重点是外观要逼真，颜色搭配要合理，大小、质感要与生活中原本的食品相似。

图片：
健康认知与生活技能训练类玩教具欣赏

图6-100　健康餐桌

2. 生活技能训练类玩教具

"给小动物喂食"玩教具（图6-101）赏析：

"给小动物喂食"玩教具在制作时采用废旧纸壳箱、彩色卡纸、筷子等材料。该玩教具的制作目的是通过游戏，训练幼儿夹筷子的技能。制作的重点是小动物食物大小、轻重要适合幼儿用筷子夹取，制作的难点是设计纸壳箱上的开口，要适合多名幼儿游戏。

图6-101　给小动物喂食

"有趣的饺子"玩教具（图6-102）赏析：

"有趣的饺子"玩教具在制作时采用彩色打印图片、彩色卡纸、多色棉布和不织布、绒球等材料。制作的重点是饺子边的捏合设计，要将不同操作材料缝制在不同颜色的饺子布片边缘。该玩教具将拉拉链、贴魔术贴、按扣子、系纽扣等生活技能训练融入包饺子的游戏过程中，提高幼儿的兴趣和动手能力。

图6-102　有趣的饺子

实训任务

1. 根据案例"五官拼图"的制作方法，自制一件适合小班幼儿的健康认知类玩教具。

2. 根据案例"神奇魔方"的制作方法，自制一件适合中班幼儿的生活技能训练类玩教具。

3. 设计并制作一件适合大班幼儿的健康认知与生活技能训练类玩教具，并能够根据玩教具的玩法设计一节游戏活动。

提示：游戏活动设计要包括游戏名称、游戏目标、玩教具准备、游戏过程、游戏小结等。以下为参考案例。

游戏名称	夹食物
游戏目标	1. 体验筷子的使用方法，提高手指运动的灵活性 2. 能够根据游戏规则，正确使用筷子 3. 提高生活自理能力，体验游戏的快乐
玩教具准备	1. 准备多个纸杯、多双筷子、计时器、积分表（图6-103） 2. 自制食品玩教具（图6-104） 图6-103 积分表 图6-104 食品玩教具

续表

游戏过程	1. 体验筷子的使用方法 师：请小朋友们看一下这段视频（用餐具吃饭的视频），看看他们是用什么餐具吃饭的？ 教师讲用筷子进餐的礼仪并演示动作 师：现在请小朋友来做一做，体会一下用筷子夹菜的动作，说一说自己的体会 幼儿尝试用筷子夹起桌子上的布艺食品玩具 2. 正确使用筷子夹食物 （1）夹住不要掉。教师准备食品盒和筷子，将每个食品盒内装上食品，如布材料制作的饺子、小鱼、豆卷等。幼儿分组游戏，每组四人，每人一个纸杯，用筷子将食物夹起放入纸杯中，要求食物不要掉落。这个游戏可以锻炼幼儿手脑的协调能力，增强生活自理能力 （2）快又准。进行小组竞赛游戏。幼儿分为两组，每组四人，每人在一分钟内快速将食品用筷子夹入自己组内的纸杯中。夹入一个食物得一分。掉落的食物不算分。教师用计时器计时，两名幼儿用积分表记录小组成绩，游戏共进行三次，最后总分最高的小组获胜。这个游戏可以培养幼儿的团队合作精神
游戏小结	在游戏中幼儿能够积极参与，个别幼儿的筷子使用方法不正确，夹食物过程中掉落次数较多。游戏之前教师需要个别指导夹筷子的正确姿势。在竞赛游戏中，幼儿展现了较强的团队意识，都想为小组获胜努力；游戏的计时较短，可延长至2分钟

主要参考文献

1. 李金娜，赵霞. 学前儿童玩教具制作［M］. 2版. 北京：科学出版社，2012.

2. 中国教育科学研究院早期教育研究中心. 幼儿园玩教具制作［M］. 北京：教育科学出版社，2015.

3. 郭立平，谢萌. 幼儿园玩教具：配备、设计制作与应用［M］. 北京：中国轻工业出版社，2014.

4. 刘素君. 幼儿园玩教具设计与制作［M］. 武汉：湖北美术出版社，2009.

5. 赵娟，靳林，李敏. 幼儿园环境创设与玩教具制作［M］. 北京：北京师范大学出版社，2017.

6. 邱秀君，吕袁媛. 手工制作教程［M］. 北京：高等教育出版社，2012.

7. 沈建洲. 手工基础教程［M］. 上海：复旦大学出版社，2008.

8. 孙长林. 中国民间玩具集［M］. 济南：山东美术出版社，2010.

9. 王连海. 中国玩具艺术史［M］. 长沙：湖南美术出版社，2006.

10. 宫宝明. 幼儿园自制玩教具指导与范例［M］. 北京：中国轻工业出版社，2017.

郑重声明

高等教育出版社依法对本书享有专有出版权。任何未经许可的复制、销售行为均违反《中华人民共和国著作权法》,其行为人将承担相应的民事责任和行政责任;构成犯罪的,将被依法追究刑事责任。为了维护市场秩序,保护读者的合法权益,避免读者误用盗版书造成不良后果,我社将配合行政执法部门和司法机关对违法犯罪的单位和个人进行严厉打击。社会各界人士如发现上述侵权行为,希望及时举报,我社将奖励举报有功人员。

反盗版举报电话　(010) 58581999　58582371

反盗版举报邮箱　dd@hep.com.cn

通信地址　北京市西城区德外大街 4 号　高等教育出版社法律事务部

邮政编码　100120

读者意见反馈

为收集对教材的意见建议,进一步完善教材编写并做好服务工作,读者可将对本教材的意见建议通过如下渠道反馈至我社。

咨询电话　400-810-0598

反馈邮箱　gjdzfwb@pub.hep.cn

通信地址　北京市朝阳区惠新东街 4 号富盛大厦 1 座

　　　　　高等教育出版社总编辑办公室

邮政编码　100029